Lou Andreas-Salomé
Eintragungen

– Letzte Jahre –

Herausgegeben und mit
einem Nachwort versehen
von Ernst Pfeiffer

Insel Verlag

Erste Auflage 1982
© Insel Verlag Frankfurt am Main 1982
Alle Rechte vorbehalten
Satz: LibroSatz, Kriftel
Druck: Nomos Verlagsgesellschaft, Baden-Baden
Printed in Germany

Inhalt

Eintragungen

– Letzte Jahre –

1934

In 1933 war ein für mich überaus wichtiger Tag der
10. Juli, wo nach fast zweijähriger Abwesenheit und
ohne daß ich eine Wiederkehr erwarten konnte, auf
einmal Pfeiffer* vor unserm Gartengitter stand.
Wir hatten uns im Frühherbst 31 nur wegen eines
leidenden Freundes von ihm gesprochen und uns
streng an dies Konsultationsthema gehalten.

Wie mehrmals in meinem Leben kam mit Pfeiffer etwas auf mich zu, was ich weder ersehnt noch
vorausgewünscht hatte aus einem Mangelgefühl
und das doch um nichts in der Welt hätte ausbleiben dürfen: das erfuhr ich erst – und unmittelbar – an der Wirkung. Meine mir so viel verübelte
Zurückgezogenheit vor Menschen öffnete sich
weit –.

Als Pfeiffer wiederkam, waren wir gerade noch
beim Bau des neuen Altans am Oberstock garten-
wärts. Ich sehe noch die Bejahung in seinem Gesicht, als er ihn betrat und in die Weite über dem
Garten schaute, über Felder und Wiesen, bis zu
jenseitigen Höhen, die man nicht ständig, bei jeglichem Wetter, mit dem Blick wahrnimmt, die man
aber ständig *weiß*. Da steht, südwestlich, die Som-
mersonne den ganzen Tag, bis die Erde sie, nord-
westlich, in sich einbezogen hat in der Strahlung des
Abends.

---

* Die so gekennzeichneten Stellen verweisen auf die Anmerkungen zu
den Texten auf S. 133 ff. dieses Bandes. Textstellen, die mit einer hochge-
stellten Ziffer versehen sind, werden jeweils in einer entsprechenden
Fußnote unten auf der Seite erläutert.

Im Zimmer hinterm Altan sind noch die großen, einfachen Möbelstücke, wie mein Mann sie hineingetan, holländische Schiebefenster, gardinenlos in die tiefblaue Wand gebaut, ein breites Bett in die Mitte gequert als riesige Liege. Bücherregal, Büchergestell, aber kein Schreibtisch; der gehört, wie bisher, in die Vorderstube, worin alles seit 30 Jahren unverändert geblieben ist. Morgensonnenschein hat *ihren* Altan; Obst- und Lindenbäume umlauben ihn, auch die Schlafstube nebenan ist dadurch wie eine Laube.

Selten hab ich so oft geschrieben wie in diesem Jahr – nach etwa 20 Jahren mir verbotenen Schreibens wegen der psychoanalytischen Tätigkeit, deren Konzentration das stört. Freilich mit ein paar Inkonsequenzen zwischendurch; aber im vorigen Frühling gleich nacheinander zwei Sachen und, noch soeben, um Sylvester, kleinere. Alte Stoffe alles, als hätten sie wegen meines Schweigegelübdes geduldig geruht und in sich gesammelt, was damals noch erst unterwegs zu mir war. Ich kann's nicht anders ausdrücken – es war ein heißer Spaß, dies Sich-wiedersehn.

Für mich kam noch ein Umstand hinzu: daß man an Druckenlassen nicht zu denken braucht, seitdem die Interessen der Menschen hier an bestimmte Richtlinien und Politisches gebunden sind, es auch möglichst bleiben sollen. Dies Private des Arbeitens ist eine wie für mich geschaffene Situation, – der immer begehrten Anonymität wegen, der Abwehr gegen jedwede Öffentlichkeit des Verfahrens. –

Während der verringerten Psychoanalysen hatte ich jetzt Zeit, mich nochmals mit Ludwig Klages* zu beschäftigen, ihn nach sehr langem nochmals zu lesen (»Kosmogonischer Eros« und anderes). Damals las ich ihn sogar noch vor-psychoanalytisch! Und nun scheint mir, daß die Psychoanalyse seinen Problemen nicht ganz gerecht wird. Daß seine *Schauung** zu lediglich von ihr auf die Bedingungen unbeendeter Sexualentwicklung gebaut wird. Denn, wie wir psychoanalytisch doch gern annehmen, an die Stadien der Körper-*Unreife* setzten sich schöpferische Kraftrichtungen im Forscherischen, Künstlerischen etc. schon an; so *könnte* recht wohl auch innerhalb des Erotischen selber ein Ablauf seltenster Fülle und Vollkommenheit sich ereignen – neben jenen häufigern Abläufen, die zum Liebesglück und Lebensziel durch Frauen- und Kindertum führen. (Ich meine hier *allein* dies Problem für den Mann.) Natürlich werden's immer etwas bisexuell geartete Männer sein – wiewohl auch das eindeutigste Manneswesen nicht ganz den gegengeschlechtlichen Einschlag verleugnen kann. In der Verstärkung dieser überall vorhandenen Linie liegt ein Ablenken vom Vollziehen des actus, und aus dieser Reibung an einem Verzicht könnte sehr gut eine seelische Gewalt sich entbinden, die dem Analogen rein-korporellen Zeugerischen nicht nachsteht: das um ein weniges Zurückstehende der korporellen Endentwicklung ergäbe eine sinnenhaft-seelische fruchtbare Explosion.

Insofern hätte Ludwig Klages recht (im Schlußwort der jetzigen »Kosmogon. Eros«-Ausgabe ist es scharf betont), alles, was an Päderastie streift, für ähnlich »pervers« zu halten, wie für die übliche Normalsexualität genau das Gegenteil – der *Nicht*vollzug der Endwollust – so heißt. Der Bisexuelle erlebt die Grund-Wollust nach zwei Seiten: entweder so, wie der Jugendliche zum Führer, also eine Art von weiblichem Aufblick zum Vorbild – oder selbst als Führer, der den Jugendlichen emporführt, also in der Umkehrung: man möchte davon sagen, *mütterlich* – an dem, was am Weibe das Mannhafteste ist, das Aktivwerden im Gebären, Ernähren, Schützen, Erziehen.

Nach beiden Seiten findet sich ein Anschluß an Frommheit und Andacht der Gesinnung (statt am verhimmelten Gott vollzogen am Irdischen, wo dieses am tiefsten aufquillt und daher noch nicht einzel-gegliedert, sondern in zeugerischer Ekstase verfährt). Ja: eine Spur bewahrter Infantilität würde in der Tat darin leben – aber nicht negativ, sondern in höchstem Grade positiv, noch demjenigen nahe, woraus unser lebendigstes Leben sich gebiert. Dies ist wichtig, daß beide Seiten nicht eine Abschwächung aneinander erfahren, sondern sich aneinander zu zeugerisch Neuem steigern, weil an einem Verzicht der üblichen Geschlechtswollust der Körperreife.

Leicht möglich, daß es eine Stelle ist, an der man den letzten Quellpunkten des sogenannten »Religiösen« irgendwann am nächsten kommen wird.

Nun aber andererseits betrachtet: unausweichlich gerät in Ludwig Klages' Auffassungen mystisch-

Romantisierendes durch die Enge, worin seine *Schauung*sgedanken zwischen zweierlei Verpöntem stecken bleiben müssen: sowohl nach dem für ihn verpönten »Geist« zu wie nach dem abstinent Korporellen, als allein Gewertetem. Nur das schmale Zwischengebiet der *Ekstase*, als einzig kosmischer Erfüllung – obschon eine total solche nach Ludwig Klages auch in der Antike, ja sogar in den Eleusinischen Mysterien, den von ihm gemeinten Zustand nur andeutend aufweist. Obwohl Ludwig Klages außerhalb davon nur *Mischungen* erkennt, will er nicht sehen, daß solche *Mischung* nicht einen empörenden Abfall von Schauungshöhe darstellt, sondern einfach den Fall unseres Menschentums selber. »Leib« und »Geist« außerhalb dessen, was die *Schauung* ausmacht, sind ihm banal oder böse: wenn er Wollust der üblichen Geschlechtlichkeit als etwas in toto *anderes* auffaßt als die Wollust der *Schauung*, vergißt er dann ganz, wie schon längst die Biologie unsere Geschlechtsvorgänge als etwas jenseits aller menschlichen Wollust sich Vollziehendes darstellt, als wollustfreies natürliches Geschehen, wovon *unser* Gebaren nur irgendeine unter hundert Möglichkeiten bedeutet? Merkt er nicht, daß er, wie unter innerm Zwang, eine fast moral-analogische Urteilerei zwischenschieben muß, um seine *Schauung* sowohl zu verirdischen wie zu entirdischen?

Mir fällt es jetzt sehr auf, wie weit Ludwig Klages' verschiedene Feststellungen sich immerzu mit psychoanalytischen decken: was beides so grundsätzlich trennt, ist ein gleichsam nicht nur sachlich-sondern speziell-affektiver Kampfzustand dawider. Allenfalls vom traditionellen Christentum aus könnte man einem derartig hassenden Aburteilen begegnen, wie ihn dieser Hasser und Gegner alles Christlichen sich wider die psychoanalytische Nüchternheit leistet. Er dürfte die Psychoanalyse total mißverstehen infolge seiner Meinung, sie erdreiste sich, anstelle seiner *Schauung* etwas zu lehren oder zu schaffen: sie ist ja aber lediglich Handlangerdienst, – der einzig vorhandene, einzig sichere, der durch Klarheit *Raum* schafft für behinderte Schaffenskraft. Weiß er das –? Ach, keinen hätte ich je lieber zum Analysanden besessen als diesen 60jährigen, den mir ans Herz gewachsenen Ludwig Klages!

Auch ohne Ludwig Klages irgend persönliche Momente unterschieben zu wollen, hat schon meinem damaligen Interesse für ihn meinerseits Persönliches untergelegen. Weil bei mir ohne Frage infolge später nordischer körperlicher Entfaltung gewisse Infantilreste oder nicht völlig zuende geratene Stadien auch in der Art meines Liebens hängen geblieben sind. In meinem Fall wurde das noch begünstigt durch den leidenschaftlichen Gottesglauben*, nach dessen Verlust man nicht annehmen konnte, in der Realität Menschliches voll anzutreffen, das ihn ersetzen könnte. Oder aber: die allem Verstand vorauflaufende Phantasie konnte es akut dazu bringen, Mensch- und Gottesobjekt identisch zu fassen: eine Art *Schauung* daran zu produzieren –. Mir fiel in L. Kl.s Buch der Vermerk auf, daß die volle *Schauung* des Personalwechsels* fähig sein könne – ja an einen

Moment gebunden. Dadurch verfällt sie auch wohl nicht jenen großen *tragischen Leidenschaften*, von denen Ludwig Klages richtig aussagt, sie beruhen auf Verwechslung des Menschenobjekts mit dem göttlich Gemeinten. Dies erhält der *Schauung* jene »Nähe« und »Ferne«; der »Eros der Ferne« bleibt nicht am Persongegebenen stecken und umfängt es dennoch sinnen-gegeben, nicht geist-gedacht. Und in uns stimmt auch liebend etwas dem zu: etwas möchte *mehr* als die Person, möchte durch die Person ins Fernste unserer andächtigsten Sehnsüchte, davon sie uns nur das *Bild* vermittelt ohne reale Verwechslung.

Ich empfinde das stärker infolge einer Seltsamkeit, Anomalität an mir selbst, indem mir der einmalige Liebesvollzug als total anderes erschien als seine Wiederholungen. Ist hiermit auch nicht *Schauung* gemeint, sondern Vollbesitz, also *Mischung*, so erinnert es doch an sie, insofern das Reale, so einmalig reduziert, zu einer Konzentration auf sinnenseelische Ekstase gerät. Das wiederholte Glück gehört auf nicht dieselbe Ebene: mag und soll es noch so ernstlich beglücken, zur Dauer und Ehe führen, so gehört es trotz aller damit verbundenen Tugend doch nicht mehr in das damit Gemeinte: es ist bester Wein, doch nicht der Schluck aus dem Abendmahlskelch.

Daran ist ein Zug, der mir an der *Schauung* als ein gefährlicher auffällt: an der Herrlichkeit des eigenen Erlebens mit dem Andern entfällt *die* Verbundenheit, — die nicht »herrlich«, sondern ganz simpel seiner menschlichen Wirklichkeit gilt: die wird von der »Ferne« verschluckt. Jenes einfachste »Sich gut sein« findet keinen angestammten Platz darin – und also das, was uns Grundlage allen sozialen Erlebens bleibt. Mag auch gerade am Sozialen, am Führertum, am Aufblick, der Bisexuelle seine glorreichste Begabung feiern: in der einzeln vollzogenen *Schauung* muß die anspruchslose und allem geltende Wärme mehr Ekstase als Tatsache sein.

Wieder sage ich mir das unangenehm autobiographisch. Denn mit tiefer Beschämung gedenke ich dabei solcher Beziehungen, bei denen mich, dicht am erwähnten »Herrlichen« des Zusammenschlusses auf einen Moment, nicht etwa Abneigung oder Gefühlsabschwächung beikam, sondern Leere, Todgleichgültigkeit, ein Existenz-entfallen des Geliebten*. Er war dennoch so ausnahmsweise geeignet gewesen zur »Mischung« mit *Schauung*, infolge einer Hellhörigkeit für Signale dazu: er verwandelte sich dann rein unbewußt zur absolutesten Eignung dafür. Dies kann geschehen bei etwas labilen, ein wenig seelisch »dekadenten« Naturen bei hoher Intelligenz: die Folge kann sein, daß sie für immer schweren Schaden nahmen, der nicht mehr gutzumachen ist.

Aus meinem Königsberger Aufenthalt erinnere ich mich an Gespräche über Harms* und seine Thesen von der »Konstanz« im zoologischen Bereich (ich weiß davon nur so Aufgeschnapptes). Die ältesten unter den tierischen Erdbewohnern erreichten allmählich eine so ungeheure Sicherheit und Ständigkeit ihrer Eigenschaften, daß z. B. sogar die (jetzt so vielfach versuchten) Überpflanzungen zwecks Geschlechtswechsel bei ihnen keine Änderung, kaum noch eine vorübergehende Reizbarkeit zu bewirken scheinen. An uns, den jüngsten Erdbewohnern, ist am wenigsten Konstanz zu mutmaßen – auch noch am wenigsten schon erstarrte Abläufe, also Kennzeichen des Greisentums. Statt dessen all die Schwankungen, denen eines Kleinkindes Gang ausgesetzt ist, das seine zwei Beinchen noch nicht zu richten weiß. Sein Bewußtsein – das also, womit der Mensch die Kreatur überholt – muß immer noch ganz darin aufgehen, muß sich bei jedem Schritt noch mit sich selber befassen, ob's gelinge – statt sachlich mit dem erstrebten Ziel als solchem. Unser noch nicht befestigtes Schwanken ist es, was wir an uns als unsere »Seele« erfahren – den tüchtigen Abstand vom bereits unabänderlich und unwillkürlich sich Vollziehenden. Nur in unserer Physis nennen wir es den Abstand des Kränklichen vom Gesunden, was nicht zur reibungslosen Funktionierung ohne Zweifel oder Stocken kommen läßt: so, wie ja die

Körperorgane erst in Erkrankungsnähe uns richtig bemerklich, spürbar werden.

So sähe es aus, wenn wir uns von außen her betrachten – wie wir es der Kreatur gegenüber ja leider allein vermögen. Wir sind auf dies *unser* Noch-nicht-fertig-sein stolz, fürchten uns vor dem Gedanken, es könnte mal ein Ende haben, oder bauen uns sogar ein Luftschloß, wo unser Seelen-Adel, als ein von allem Sonstigen Unterschiedenes, sein Unfertiges als einen Adelsausweis wie einen Orden an der Brust weiter mit sich trägt.

Wie wäre es, wenn es uns gelänge, mittels der zunehmenden Dauer der Zeit, mittels Zunahme der »Konstanz«, etwas von diesem Wichtigtun wegzulassen? Auf dem endlosen Weg über die Reibungen und Ausprobierungen der menschlichen Subjektivität etwas »objektgerichteter« zu werden? So, wie wir es sind, wo wir uns sachlich, außen-erkennerisch, denkend mit allem Außerhalbunser befassen, um uns durch Erfahrung und Urteil zu nützen.

Man stelle sich jemanden vor, der – von einem andern Planeten zwischen uns gefallen – uns nach endgültiger erreichter »Konstanz« beobachten würde: seinem Blick würde sich nicht extra Seelisches mehr bieten, sondern fast eine bewunderungswürdige Maschinerie, nach der alles ähnlich vollkommen zuende läuft, wie bei unserer vereinfachenden Beobachtung von Kreatur, Pflanze oder Gestein. Dies Unmerklichgewordensein von »Seelischem« entspräche jedoch in unserm eigenen innern Verhalten dem freudigsten, nicht mehr aufgehaltenen oder verstörten Lebensgefühl. Denn was fällt uns beinahe neidisch an Tieren auf, die ihren Instinkten, den bewußtseinsarmen, so sicher folgen wie kleine Genies? Im Vergleich zu solcher »Genialität« geht es bei uns zu kompliziert und kombiniert zu, zu bewußt auf unser drangvolles kleines Ich. Gerade unserer Bewußtheit aber wäre erst recht damit gedient, wenn sie sich freier bewegen könnte – weniger abgelenkt durch unsere Innennöte, sachlich, jedwedem Tatbestand offenstehend.

Deshalb können wir uns schlechthin Vollkommenes nicht recht anders vorstellen als in der fehlerlosen Exaktheit eines logischen Exempels: nämlich als ein so von außen Beurteiltes wie die leblose oder mindestens bloß physisch in Betracht kommende Natur. Umgewandelt gedacht in Innen, in Seele, wäre es eine uns nur an uns selber zugängliche Vollkommenheit, die ihrer selbst kaum noch bewußt würde – weil dessen zu ihrem Vollzug nicht mehr bedürfend; allenfalls noch an Randstreifen von Unvollkommen-gebliebenem. –

Mir kam dies Geschreibsel vom Nachwirken einer Stunde Vorlesens von Pfeiffer (schon vom 18. Januar nach seiner Rückkehr am 17. vom Zuhause), als er mich mit dem »Marionettentheater« Kleists bekannt machte. Die Paradoxie des Identischnehmens von Gott und Gliederpuppe hat etwas Faszinierendes, sehnsüchtig Überzeugendes, als antworte in uns ein beglücktes *Ja*.

Das sehnsüchtig Überzeugende kommt von daher, daß wir Menschen kampfvoll aufgeteilt sind in den scheinbaren Widerspruch von Innen-

und Außenbenanntem. Sei es denn!, mittenhinein in ihn!

Was wir die *reifsten Jahre* unseres Lebens nennen, das sollte uns deutlich machen können, wie weit jemand mit allen Reibungen an seinen Unfertigkeiten ungefähr menschlich fertig wird. Er ist lange Zeit schon im Kampf mit ihnen und bereits bestmöglich den Lebensbedingungen angepaßt. Er hat bereits mehr oder minder erfahren, was an Erfolg und Erfahrung etwa zu beschaffen ist. Aber nach zwei Seiten ist er stärker bedrängt als die Jugend, die, wie besorgt beschäftigt sie auch mit sich selber ringen mag, doch noch »alles vor sich hat«: ihm ist die Zukunft schon vermindert, die Zahl der noch ausstehenden Möglichkeiten begrenzt – und nach der andern Seite, der Vergangenheit, mehrt sich ihm im Rücken das Unwiederholbare, ihm Enteilte. Dies ist das zunehmend Trübe an den reifsten Jahren, die irgendwann erwarten müssen, daß alles »Künftige« verschluckt sein wird vom unaufhaltsam Vergehenden.

Nun ist aber, was wir erleben, ja jedesmal nur erst ein Ansatz zu dem, was es für uns werden wird, nachdem der zeitliche Erlebnismoment uns nicht mehr nötigt, uns mit ihm als äußerm Ablauf allein zu befassen. An ihm und allem Übrigen, Nachfolgenden leben wir uns doch gleichsam erst *an ihn heran*, ermöglichen uns sozusagen seine Frucht in uns. Je tiefer er uns faßte, desto bedeutsamer. Es ist nur so schwierig, davon zu reden, weil es sich da also um zweierlei Abläufe handelt, die, imgrunde identisch, uns doch immer nur vom Blickpunkt des zeitlich Stattgefundenen anschaulich werden. Man denke sich etwa den Augenblick, wo Samenfäden ihren Befruchtungsort, das Ei, erreichen, widergespiegelt im Erleben von zwei Liebesleuten, welche die Kürze des physischen Rausches beklagen, während das von ihnen daraus Erwartete, längst und langsam, an den Flimmerhärchen der weiblichen Scheide sich seinen Weg zum Ziel bahnt.

Es ist verschieden unter den Menschen, ob sie sich ganz in Vergehendes und Zukünftiges aufteilen oder ob sie die Gegenwart in sich erleben, die immer dichter aus dem Erleben an sie gerät, immer volleres Leben dadurch wird – was den Sinn der Alterung wesentlich ändert. Den Menschen des Orients ist es natürlicher, am Vergehenden nicht nur die Verfallsseite zu betonen, sondern am Enden das Voll-enden als die tiefere Wirklichkeit. Wir aber fangen sonst an, was geschieht, immer trüber *nur* von der Todesseite anzusehen – wie alles von außen Betrachtete und dadurch »Getötete«. In Goethes Alter (und bei andern unserer Großen) vollzog sich dieser Wechsel gleichfalls mit seiner Vorliebe für den Orient.

Indessen will ich nicht verhehlen, bis zu welchem Grade ich für mich selber damit rede, da es nun mal ein Fimmel von mir gewesen ist, von der Alterszeit etwas Wichtiges zu erwarten. In jungen Jahren notierte ich mir irgendwo: »*Erst leben wir die Jugend, dann lebt die Jugend uns.*« Viel besser als damals könnte ich es wohl auch jetzt nicht auseinandersetzen, was ich meinte. Doch ich fürchtete mich geradezu, für dieses Erlebnis nicht alt genug zu werden: ich wußte tief, *es lohnt sich ein langes Leben mit all seinen Schwierigkeiten* und auch dem körperlich unaufhaltsamen Verfall. Natürlich kann das Lohnende dran durch leibliche, geistige oder sonstige Schäden für uns verdeckt, unspürbar werden, wie ja auch im Jugendkräftigsten unter fatalen Umständen seine Glücke und Erfolge beeinträchtigt werden können; aber neben solchen Abstrichen eignet dem Alter nicht nur die ihm nachgesagte verstärkte Fähigkeit zu Frieden oder Abklärung, es ist mehr dran: es ist ein Herangelebtsein der Zeitabläufe zu etwas gefüllt Endgültigerm.

Man stelle sich Schaumköpfchen auf einem Gewässer vor: was sie allmählich an Dichtigkeit verlieren läßt, kann auch ausgesagt werden als Zunahme des Wassergehaltes an ihnen. Ihr »Zuwasserwerden« ist, im Psychischen als Bild gebraucht, möglicherweise ein wohlbegründetes positives Erleben, das bis in unsere kleine Einzelpsychologistik ihre Spuren sendet.

Wozu sich scheuen, es so zu schildern wie man es empfindet? Es ist als die Kehrseite des Verrinnens, Vergehens ohne Anhalt, ohne Aufhalten von Künftigem, ein zunehmendes *Gegenwart-sein.*

Dies ist, was mein Fimmel vom Alter als *unserer* »kleinen Konstanz« zu gern weitererzählen möchte.

Denn es erweist sich auch an der Schaumköpfchenwelt selber als etwas höchst Positives: es gibt auch bis ins Letzte des verrinnenden Schaumes ebenfalls diesem eine Bedeutung, *weil* er dadurch gleichsam erst an richtige Stelle gerät: nicht mehr allein-wichtig.

Wo sonst jedem seine ihm sanktioniertesten Vorstellungen um eine *Realität* kreisen – sei es Volk, Land, Staatswesen, Familie etc. –, da überging in mir etwas all dies wie Zwischenstationen, die gleich Aufhaltungen, Einschränkungen vor etwas Letztem wirken. Auch das Religiöse, worauf viele diese Sanktionierungen noch letztlich beziehen, gleicht da noch einer ähnlichen End-Station. Was ist es nun aber mit diesem meinem »Letzten«, wenn nicht doch eine bloß abgerissene, zerbrochene Stationskulisse aus meiner eigenen religiösen Zeit?

Ich denke ja allerdings: auch beim Religiösen entnimmt man die Untersuchung zu sehr den menschlichen Seelenzuständen, wo es vermutlich einfach der Urtatsache Darstellung verleiht, daß wir – für kurze Lebensstrecke Bewußtseinstiere – hie und da durchzuspüren bekommen, *unser Boden ruhe* unter unserm eiligen Fuß wie unter dem allen Seins um uns.

Um nicht nutzlos zu schwätzen, möchte ich mich an Konkretes erinnern, woran solche Gefühlsspuren sich etwa realisierten. Da war etwas merkwürdig *Sekundäres*, das an aller sogenannten Wirklichkeit sich auswirkte. Für die Allgemeinheit haben dies, als unbezweifelbare Wahrheit, unter anderem etwa Schopenhauer und Goethe mitgeteilt, indem Glück als bloße Folie des Schmerzes und Leidens aufzufassen sei und ohne dieses gar nicht zur Fühlbarkeit gelangen würde; oder indem nichts schwerer zu ertragen sei als eine Reihe von schönen Tagen. In der Tat erhalten wir von Glück und Schönheit, auch in gnadenvollsten Fällen, immerhin nur »Kostproben« der Fülle – was vielleicht allein den Ausbruch einer allgemeinen Verzweiflung aufhält; wir würden sonst das Sekundäre des Daseins als tödlich konstatieren.

Eng hiermit zusammen hängt eine zweite Einsicht, die ab und zu wohl jedem nicht ohne einen gewissen Schauer sich aufgetan hat: daß nämlich das einzig sichere Mittel, der soeben erwähnten Verzweiflung zu entgehen, darin besteht, *außerhalb* des faktischen Daseins, Darlebens, seinen Standpunkt zu nehmen. Der berühmte Archimedische Punkt ist nicht bloß notwendig, um eine Welt aus den Angeln zu heben, sondern gerade, um sich in ihr heimisch zu machen. Nur wo man nicht ins Wasser sinkt, dem Ertrinken oder Ersticken ausgesetzt, – wo man es schwimmend meistert, erlebt man den Aufenthalt darin noch berauschender, als die Wassertiere darin es vermögen.

Ist in beidem irgend etwas ausgedrückt? Nein, wohl nicht, es lüftet nicht mal den kleinsten Zipfel am großen Geheimnis meines »Letzten«.

Ich begnügte mich leider wohl damit, ganz getrost festzustellen, daß die Wort-Mitte in »Geheimnis« die Silbe *»heim«* enthält.

unser Monat, Rainer – der Monat vor dem, der uns zusammenführte. Wieviel muß ich da Deiner denken, und das ist gar nicht zufällig. Enthält er doch alle 4 Jahreszeiten, der April, mit seinen Stunden einer noch fast ehern-winterlichen Schneeluft neben solchen glühender Strahlung, und neben den herbstähnlichen Stürmen, die, statt entfärbten Laubes, mit zahllosen Knospenhülsen den feuchten Boden bedecken; – und hält in diesem Boden nicht Frühling sich auf zu jeglicher Stunde, den man weiß noch ehe man ihn schaut: von alledem her jene Stille und Selbstverständlichkeit, die uns aneinander schloß wie etwas, das immerdar gewesen.

War ich jahrelang Deine Frau, so deshalb, weil Du mir das erstmalig Wirkliche gewesen bist, Leib und Mensch ununterscheidbar eins, unbezweifelbarer Tatbestand des Lebens selbst. Wortwörtlich hätte ich Dir bekennen können, was Du gesagt hast als Dein Liebesbekenntnis: »*Du allein bist wirklich*«. Darin wurden wir Gatten, noch ehe wir Freunde geworden, und befreundet wurden wir kaum aus Wahl, sondern aus ebenso untergründlich vollzogenen Vermählungen. Nicht zwei Hälften suchten sich in uns: die überraschte Ganzheit erkannte sich erschauernd an unfaßlicher Ganzheit. So waren wir denn Geschwister – doch wie aus Vorzeiten, bevor Inzest zum Sakrileg geworden.

Unsere Zusammengehörigkeit, bereit und ge-

1 Im »Lebensrückblick«, als Nachtrag zu ›Mit Rainer‹.

willt – um Deinen Ausdruck zu gebrauchen – für aller Jahreszeiten Hell und Dunkel, hatte sich an unabänderlich obwaltenden Lebensumständen zu erproben, die sogar die dichterische Äußerung davon fast beseitigten. Aber ob wir das Recht hatten, damals Gedichtetes so zu zerstören, wie wir es getan? Es besaß, gegenüber Späterm, so sehr die Züge, das Antlitz Deiner Reinmenschlichkeit, *Nur*menschlichkeit, die sich gleichsam noch nicht so endgültig durch Dein vollendetes Dichtertum sanktioniert fand, daß sie Dir der Erhaltung künstlerisch wert genug erschienen wäre. Aber in viel spätern Monaten, im Schmargendorfer »Waldfrieden«, als Du, in kürzester Zeit berauschten Zustandes, den »*Cornet*« aufschriebst, fiel Dir darin Ähnlichkeit mit Strophen von damals auf, die wir nicht mehr vergleichen konnten, die jedoch der technischen Meisterung des temperamentvoll Unwillkürlichen noch entbehrt haben mochten. Mir selbst erging es nun seltsam, insofern ich Deiner frühen Lyrik trotz ihrer Musikalität kein Verständnis entgegenbrachte (von daher Dein tröstendes Wort: Du werdest es schon noch einmal so einfach sagen, daß ich es doch noch verstände). Erst eine einzige Ausnahme gab es (– auch bei an mich gerichteter Lyrik –): als Du das Blatt in mein Zimmer legtest*, da war es wieder der Fall, daß ich, freilich sonder Vers und Rhythmus, wiederum Dir das Gleiche hätte sagen können. Und raunte es denn nicht in uns Beiden gemeinsam vom Unfaßbaren, das wir – bis in den Wurzelgrund der Leiblichkeit erlebt – »auf unserm Blute trugen«; – bis in die geringsten, bis in die geweihtesten Augenblicke unseres Daseins?

Auf meine Fürbitte hin hat diese Dichtung deshalb Raum gefunden im Jahre spätern *Stundenbuch.**

Lösch mir die Augen aus: ich kann Dich sehn
Wirf mir die Ohren zu: ich kann Dich hören
Und ohne Fuß noch kann ich zu dir gehn
Und ohne Mund noch kann ich Dich beschwören
Brich mir die Arme ab: ich fasse Dich
Mit meinem Herzen wie mit einer Hand
Reiß mir das Herz aus: und mein Hirn wird schlagen
Und wirfst Du mir auch in das Hirn den Brand
So will ich Dich auf meinem Blute tragen

Mich bekümmerte es, daß ich den Überschwang Deiner Briefe in den meisten seiner Äußerungen nicht voll genug mitempfand; ja sogar, als ich für kurz von Wolfratshausen nach Hallein reisen mußte, zur Erledigung früher getroffener Verabredung, mißfiel mir die Überschwenglichkeit in Deinen tagtäglich mir folgenden Briefen mit den blaßblauen Siegeln. Bis unbeabsichtigter Scherzzufall alles in Heiterkeit der Erinnerung für mich wandelte. Du hattest mahnen wollen an unser kleines Erdgeschoßstübchen, wo Du, um dem Einblick Unberufener zu wehren, am Fenster den Holzladen zuzuschieben pflegtest, so daß nur der ausgesparte Holzstern darin uns ein bißchen Tageslicht gönnte. Als nun diese lyrische Postkarte zu mir hereingebracht wurde: tief tintengeschwärzt rundum, schriftlos, nur beredt durch das kleine ausgesparte Holzsternchen obenan – da stürzte man sich begeistert auf den vermeintli-

chen Abendstern am dunklen Firmament, ehrfürch-
tig angetan von einem so echten »René Maria«.

Und doch – wenn man die ganze erheiternde
Wirklichkeit davon abgelesen haben würde, wäre
kein geringeres Mißverstehen dabei herausgekom-
men. Daran dachten wir, als ich Dir beim Heim-
kommen davon erzählte. Wir dachten an *unsere*
Sterne, die weder dichterisch noch prosaisch auf uns
niederblickten oder uns aufstiegen, und deren
Wirklichkeit, selig-heiter wie packend ernst, an keiner Äußerung Genüge hätte finden können.

Mit schwärzesten Tintenstrichen hantierten wir
damals nicht wenig; wir entwöhnten uns ihrer nur
allmählich in jenem Sommer. Aus dem dadurch
halb und ganz Vernichteten blieb solch ein Halbes,
sogar im vergilbenden Wolfratshauser Um-
schlag, Jahrzehnte lang noch, übrig:

> *Dann brachte mir Dein Brief den sanften Segen,*
> *ich wußte, daß es keine Ferne gibt:*
> *Aus allem Schönen gehst Du mir entgegen,*
> *mein Frühlingswind Du, Du mein Sommerregen,*
> *Du meine Juninacht mit tausend Wegen,*
> *auf denen kein Geweihter schritt vor mir:*
> *ich bin in Dir!*

Die folgenden Jahre nanntest Du mit Recht »unsern
Aufenthalt in Rußland« – das wir noch gar nicht
betreten hatten. Und im Rückblick darauf erscheint
mir eben dieser Umstand als etwas Zauberhaftes
daran. Denn er erst ermöglichte uns, in all das, was
uns Rußland hieß, uns in jeder Hinsicht zu vertie-
fen: auch in ganz exakte Studien und geduldige

Vorbereitungen, über denen die – zeitlich noch nicht bestimmbare – Erwartung schwebte, alles zu persönlicher Anschauung zu bringen. Bereits aber war es so, als ob wir jegliches mit Händen faßten, leibhaftig; bereits drang etwas davon übermächtig in Deine Dichtung, aber nur erst als gleichsam noch unverantwortlich; um die ersehnte Versinnbildlichung – wie ein Geschenk – unter russischem Himmel zu empfangen. Körperliches Sinnbild dessen zu werden, was in Dir nach Entlastung innern Überschwanges schrie –; der Schrei nach »Gott«, um es in den kürzesten aller Namen zu fassen, wie nach dem Ort, dem Bild-raum, worein das Unermeßliche noch im geringsten der Dinge Anwesenheit hat – wo es der Bedrängnis des Dichters zum Ausdruck wird in Hymne, in Gebet.

Anfangs in Rußland bedurfte das Erleben noch kaum einer Ausdrucksweise: es entlud sich an den Eindrücken selbst, und dies kam auch später immer wieder vor; es ergab sich aus solchen Fällen eine Art erlebter Mythe, oft an gar nicht außerordentlichen Begebnissen. Man hätte das uns Gemeinsame daran niemandem schildern können. Z. B. was es auf sich hatte mit jener Wiese am Dorf Kresta Bogoródiza* in Abendbeleuchtung, oder mit dem zu seiner Nachtherde entlassenen Gaul*, der einen strafenden Holzklotz am Fuß trug, oder dem Raum an der Hinterseite des Kreml, wo wir wie inmitten der Sprache der gewaltigsten der Glocken dasaßen, obschon sie nur stumm redeten – sie, die ja auch unbeweglich verharren, wenn in Rußland der Klöppel in ihrem Gehäuse schwingt –?

Augenblicke von so zu Zweien Aufgenommenem steigern nicht selten eine Empfindung, wie wenn von außerhalb ein Geschehen auf die Seele zuschreite – gleichsam objektiv geladen mit dem, was man sonst erst von sich aus empfänglich heranbringt. Es verlieh den betreffenden Eindrücken eine Zuversichtlichkeit und Bestätigung ohnegleichen. Und es erfuhr keinen Abstrich dadurch, daß für mich am Empfangenen etwas anderes dahinter stand als bei Dir: die einfache Wiedersehensfreude, die beglückend vervollständigte, wozu meine frühe Übersiedlung ins Ausland mich nicht mehr in der russischen Heimat hatte kommen lassen. Bei Dir umfing der schöpferische Durchbruch, die Wendung in Dir als Dichter gewissermaßen ebenfalls ein Frühestes, tief Erwartetes Deines gesamten Wesens, von dem das Spätere Dich nur abgedrängt – seines Urgegenstandes verlustig gemacht hatte.

Viele Jahre später, bei ganz entgegengesetzten Anlässen, wenn Du in zweifelnder Bangnis um aussetzende Produktion Dich befandest, erzähltest Du manchmal von Deinem Bestreben, an irgendwelche Dinge oder Anblicke was »Mythisches« zu hängen, was »Mystisches«, ähnlich einem Betäubungsversuch, um Schmerzen oder Befürchtungen damit zu entrinnen. Und dann dachtest Du jener gemeinsamen Ereignisse wie eingebüßter Wunder, die es doch gäbe! So unbefangen sicher gab es sie für uns, unmystisch, als aller Wirklichkeit Wirklichstes, daß es gar nicht umhin konnte, uns immer wieder dorthin heimzuführen. Dies selbe, Rainer, lag noch in Deinen frohen Worten, als wir während unserer wochenlangen Herauffahrt auf der Wolga, einmal beinahe auf zwei verschiedene Dampferchen geraten wären, und Du so getrost aussprachst: »*Auch noch auf getrenntesten Schiffen ginge es für uns desselbigen Weges stromaufwärts – weil unserer dieselbe Quelle wartet.*«

Denke ich daran, so möchte ich lebenslang Dir und mir davon weitererzählen, als erführe sich daran erst, erstmalig, was Poesie sei – nicht werkhaft sondern leibhaft, und eben dieses sei des Lebens Wunder. Was als »Gebete« fast absichtslos in Dir emporstieg, mußte dem Menschen neben Dir unvergeßliches Offenbarwerden bleiben bis ans Ende seiner Tage. Es umgriff jegliches, womit Du in Berührung kamst, es blieb Körperliches, das bei Deiner Berührung aufschloß, was fast Göttliches an ihm sich vollzog, und dies kindliche Selbstvergessen, womit Du es so gläubig erfuhrst, gewährleistete ja jedem Tag, jeder Stunde die innigste Vollendung. Unsere Zeit blieb randvoll besetzt: von unablässiger Anstrengung, jedem Eindruck gerecht zu werden, oder, anders ausgedrückt: von unsagbar feierlicher Ferienzeit.

Wie fern lag uns ursprünglich die Unruhe, ob der Drang zu formen in Widerstreit geraten könnte mit dem Drang der hingegebenen Aufnahme des zu Formenden. Könnte es denn einen Betenden beunruhigen, ob seines Gebetes Händefalten noch vollkommener ausfallen müßte? Hält er nicht in beiden Händen, auch in der ungeschicktesten Gebärde, seinen Gott so gewiß wie sich selbst? Als Dir zum erstenmal geschah, daß

Dir »draußen« was entging, dem Du Dich ganz hattest widmen wollen, um es total zu erleben – weil »drinnen« ein herrlicher Restbestand von Vorhergegangenem Dich noch zwang, ihn erst zu Ende zu formen, da verflog Deine Unruhe darüber schnell vor der wieder eingekehrten friedlichen Zuversicht. Bei nächsten Gelegenheiten kam Dir sogar ein sehr drolliger Einfall, über den wir noch öfter herzlich lachen mußten. Du erklärtest nämlich: wenn der liebe Gott Deiner Arbeit hätte zuschauen können, dann würde er's Dir keinesfalls so übelgenommen haben, wie wir's kürzlich von Frau B. gehört, die sich auf ihrer Hochzeitsreise ungenügend von Herrn B. umworben gefunden habe – bis er die Gekränkte mit der Versicherung versöhnte, er ziehe sich nur bisweilen zurück, um seine heißen Liebesverse an sie zu verfassen.

Nun begab sich jedoch allmählich eine Veränderung, an der uns unser unschuldiges Lachen verging. Wir nahmen es erst für eine Störung leiblicher Natur, – aber ein Zusammenhang davon mit jenem Widerstreit zwischen hymnisch Erlebtem und Formung, Aussage des Hymnischen verdeutlichte sich immer mehr. Ängstlichkeiten schlossen sich dran, fast Angstzustände, an denen die zwei einander nicht ausgleichenden Schwierigkeiten sich gespensterhaft verstrickten. Am tiefsten erschrak ich damals während unseres gewohnten Mittagsganges[1] durch den prächtigen Akazienwald, als Du an einer bestimmten Akazie nicht vorbeikonntest –. Nach Vermeidung des ganzen Weges und nachdem Du

[1] In Kiew, (russ.) Pfingsten 1900.

ihn anstandslos wieder aufgenommen, erinnertest Du mich mal daran, gegen die Bäume hinweisend: »– Weißt Du noch – ?« Ich blickte kopfnickend auf die benachbarte Akazie, die sich scheinbar in garnichts von den nebenstehenden unterschied. Da weiteten sich Dir die Augen in schier ungläubigem Entsetzen: » – *Die?* Nein, nein *Die!*« Und man konnte sehen, wie der Baum nun begann, sich Dir zu vergespenstern.

Ähnliche Gefahren traten ein, wo Dir die restliche Formung eines Eindrucks mißlang: nicht Enttäuschungen, Selbstvorwürfe, Niedergeschlagenheit wie beim Durchschnitt von Normalmenschen trat ein, sondern es explodierte in Gefühle, die sich ins Ungeheure, Ungeheuerliche überschlugen – wie unter einem Zwang, sich davon überwältigen zu lassen fast wie beim seligen produktiven Zwang. Du nanntest es die von Angst irregeleitete Produktivität, wie einen verzweifelten Ersatz für den Dir entschlüpften Formungsbefehl.

Vollkommen vergaßen wir es wieder in den Wochen ungestörten Erlebens, das uns mit den Gebeten des »Stundenbuchs« begleitete*, in unaussprechlicher Freudigkeit und Andacht. Aber dann folgten doch wieder Angstverfassungen und körperliche Anfälle. Es drängte sich dies Eine mir auf, daß es war, als ob, was sich da Luft zu machen strebte, an der seelischen Gebärde allein sich nicht mehr genug tun konnte, – daß es vom Körper willig aufgenommen wurde, um es zurande zu bringen in einer Sprengung jedes Normalmaßes in reinem Krampf.

Du spürtest mit Grauen unberechenbar krankhafte Verursachungen heraus.

Keine Rede war damals davon, wie mit den Gebeten dennoch das jetzige »Stundenbuch« zu ermöglichen wäre – ein Werk, eine Sache, die den Dichterruhm in sich barg: uns galt Veröffentlichung für sowieso ausgeschlossen. Was aber hatte zu geschehen, um aus dem persönlichen Widerstreit zu retten, den Zwiespalt zu schließen von Gott*andacht* und Gott*aussage*? Und da schien der erschwerendste Umstand noch der zu sein, daß der dichterische Durchbruch unmittelbar am übergroßen Objekt *zugleich* seine technische Meisterschaft hatte finden müssen, anstatt ihr – und sei's jahrelang – nachzugehen in der ganzen Breite der Wirklichkeit, wo jedes Ding anspruchloser dazu Zeit und Ruhe ließ.

Beredet haben wir das schon damals miteinander, inwiefern Welt und Menschen Dich nun in ihre Mitte aufnehmen sollten, anstelle des Sinnbildlichen, worein Du den Traum des Unsäglichsten unmittelbar zu ergreifen und zu feiern gedacht hattest.

Doch erst am Schlusse unseres zweiten russischen Aufenthaltes wurde mir die zwingende Notwendigkeit davon vollends klar. Ich war da für ganz kurz zum Besuch meiner Familie auf deren finnländischen Landsitz gefahren, als mich dort Dein Brief erreichte[1], der Dich als einen fast Verworfenen bezeichnete infolge der Anmaßung Deiner Gebete. Zwar folgte sehr bald ein zweiter nach in anderer

1 Vermutlich von Lou A.-S. vernichtet; der folgende Brief ist der vom 11. Aug. 1900.

Tonart: doch dieser wiederum in jener Über-schwenglichkeit, die Du längst lächelnd die »Vor-Wolfratshausensche« genannt und die wie ein unbe-greiflicher Rückfall erschien.

Es besorgte und bekümmerte mich um so tiefer, als mir durch den erneuten Kontakt mit Rußland meine eigenen persönlichen Wünsche erfüllt wor-den waren, mich bereit und freudig gemacht für obwaltende Lebensverhältnisse*, die Kraft voraus-setzten.

Mir war das *ohne Leistung* in den Schoß gefallen, was Dich um Deiner Leistung willen in allen Tiefen aufgerissen. Nie wurde mir bewußter, aus welchen Urtiefen erst *Deine* Ausreifung würde stattfinden können. Nie standest Du vor mir größer und be-wunderter als damals da: die Wucht Deiner innern Problematik riß mich zu Dir hin, und nie hat diese Wirkung nachgelassen. Nun tat Eile not, daß Du in Freiheit und Weite kämst und in alle Entwicklung, die Dir noch bevorstand.

Und doch – und doch: riß es mich nicht zugleich von Dir fort –? Aus jener Wirklichkeit Deiner An-fänge, in der wir wie von Einer Gestalt gewesen waren. Wer ergründet das Dunkel der letzten Nähe und Ferne vor einander! In jenem sorgend inbrün-stigen Nahesein bei Dir stand ich dennoch außer-halb dessen, was Mann und Weib ineinander-schließt, und nie mehr wurde das für mich anders. Unberührbar abgeschlossen von dem, was blieb und was lebendig wachsen würde bis in Deine, bis in meine Sterbestunde.

Beschönigen will ich nichts. Den Kopf in die

Hände gebückt rang ich damals oft um Verstehen dafür in mir selber. Und tief betroffen machte es mich, einmal in meinem alten zerblätterten Tagebuch, das von Erfahrungen nur erst wenig reden konnte, nackt-ehrlich den Satz zu lesen:

»Ich bin Erinnerungen treu für immer; Menschen werde ich es niemals sein.«

Bei der Trennung unserer Wohnorte erwies sich unser Gelöbnis als notwendig, der absoluten Gewöhnung des Allesmiteinanderteilens keine schriftliche Fortsetzung zu geben, es sei denn in der Stunde höchster Not. Denn auch innerhalb meiner Lebensverhältnisse war *dies* totale Ineinanderleben noch weniger zu ermöglichen als sogar das der vorhergehenden Jahre.

Die Stunden höchster Not brachen in Paris über Dich herein, als der heroische Zwang zum »toujours travailler« an der Hand des Erlösers Rodin sich zunächst rächte an Vergespensterung aller Dinge ins Unermeßliche und Tötende – wie es sich durch Zurückstauen produktiver Absichten schon in Rußland angekündigt hatte. Aber inmitten der Ängste *schufst* Du künstlerisch das Beängstigende. Aus Deinem Nachlaß kam mir unter sonstigem ein Brief von mir an Dich zu[1], aus dem ich meine Beglückung darüber ablesen kann. Aber auch jetzt war es mir immer noch nicht um *Werke* von Dir zu tun, die dem nachfolgen würden, sondern immer noch um die gewaltige Sorge, wie Deine menschlichen Zwiespälte sich schließen würden. Und Dir

1 Brief vom 22. Juli 1903.

selbst kostete es noch harten Kampf, ob Du dem berechtigten Verlangen Deines Verlegers nachgeben und das »Stundenbuch« veröffentlichen solltest. Das Manuskript, das bei mir ruhte, ward zum Anlaß unseres ersten Wiedersehens: im Göttinger »Loufried«, das wir so betitelten nach der Inschrift auf unserer Flagge auf dem Wolfratshausener Bauernhäuschen.

Noch sehe ich Dich hingestreckt auf dem großen Bärenfell vor der offen Altantür, während das bewegte Laub Licht und Schatten über Dein Gesicht warf.

Rainer, dieses war unser Pfingsten von 1904. Es wurde es in noch anderm Sinn, als Du es in Deiner ungestümen Ergriffenheit ahntest. Denn mir war es zugleich wie eine Himmelfahrt des Dichterwerkes über den Dichtermenschen. Zum ersten Mal wurde das »Werk«, welches es nun durch Dich werden würde, was es von Dir auch werde heischen müssen, mir klar als der berechtigte Herr und Befehl über Dir. *Was würde es noch heischen?* Stockenden Herzens grüßte etwas in mir die für Jahrzehnte noch ungeborenen *Elegien* –.

Von unserm Pfingsten an las ich, was Du schufst, nicht nur mit Dir, ich empfing es und bejahte es wie eine Aussage über Deine Zukunft, die nicht aufzuhalten war. Und hieran wurde ich noch einmal Dein, auf eine zweite Weise – – in einem zweiten Magdtum.

Wo Du in den paar folgenden Jahrzehnten auch geweilt hast, in welchen Ländern, und ob in Verlangen nach voll-sicherm Heim und Fleck, ob in noch hefti-germ nach völliger Wanderfreiheit, ja Veränderungszwang: die innere Heimatlosigkeit war nicht mehr aufzuheben. Jetzt, Rainer, wo wir deutschen Menschen auf die Frage unserer Bodenständigkeit politisch so gestoßen werden, frage ich mich manchmal, wie schadenbringend es in Deinem Schicksal gewesen sein mag, daß Du gegen Dein Österreichertum eine so starke Antipathie hegtest. Man könnte sich vorstellen, daß, im Sinne des Bodens primär geliebte Heimat, Hingehörigkeit des Blutes, Dich vor den Verzweiflungen unproduktiver Zeiten eher geschützt hätten, deren furchtbare Gefahr ja Dein Dich-selber-verwerfen war. Am Heimatboden mit seinen Steinen, Bäumen, Tieren bleibt etwas sakrosankt bis ins eigene Menschliche hinein. Und als Du dann, von der Schweiz aus, das Dir in Paris schon überdrüssig gewordene Frankreich fast zu neuer Heimat erkorst, in Sprache, Menschenbefreundungen, neuen produktiven Anläufen? Da redete Dein Brief dennoch vom Jammer, trotz alledem verstört und verwirrt daraus heimzukehren nach Deinem Muzot-Turm[1]. Über den produktiven Lyrikgehalt Deiner französischen Poesie darf ich nichts bemerken, dazu fehlt mir die Feinheit der Unterscheidung. Aber meine – Ungerechtigkeit (ich gebe es zu) kann manches nicht lesen, ohne Verdacht zu schöpfen: so etwa, wenn Du von der Rose aussagst: »fête d'un fruit perdu«?* Redet nur Wehmut daraus oder die Wonne eines blasphemischen Masochismus?

1 Wörtlich: ». . . als derselbe Verstrickte in meinen Thurm zurückzukehren . . .« (31. Okt. 1925).

Und dann gibt es ein Bild von Dir dorther, das mich wie Schmerz, wie Verwundung ins Gesicht trifft und das ich verborgen halte. Als ich es zuerst erhielt, da schrie es in mir: hast Du nicht, französisch dichtend, des fremden Bodens in Deinen Verlautbarungen *bedurft*, um Dir auszureden, was Dich lautlos dem Bodenlosen heimlich entgegentrug – ?

Wie sollte ich gerecht prüfen können! Haderte ich doch im Stillen, bei mir selbst, mit Deinem Schicksal und brachte es damit zu keiner Ergebung. Ich konnte nicht aufhören, hinter dem Dichter, dem schicksalsgekrönten, und dem Menschen, der daran zerbrach, noch Einen zu wissen, – Einen, der Du eingeborenermaßen *warst* bis zuletzt: Einen, der zu sich selbst Zuversicht hatte, weil, weit über sich hinweg, zu *Dem*, wovon er sich so zuversichtlich getragen fühlte, daß es ihm Mission wurde, davon dichterisch Zeugnis abzulegen. Jedesmal, wenn wir persönlich uns wiedertrafen, redeten, lebten wir von dieser Immergegenwart, von der Vertrauen auf Dich ausging wie eines kindlichsten Menschen, dessen Schritte nicht fehlgehen können, weil sie auf den eigensten Urgrund gerichtet bleiben. Dann war der Rainer wieder ganz da, mit dem sich's Hand in Hand saß wie in unaussprechlicher Geborgenheit, und was Dichtung dran ward, baute dieses Geborgensein nur nochmals um Dich gleich unvergänglicher Strahlung. Nie kann ich dran denken, ohne daß mich des *Stundenbuchs* kleinster Vers* umtönt, der, im Augenblick seines Entstehens (– o Rainer, dieser Augenblick ist mir Gegenwart für immerdar –),

mir erschien wie gesprochen von getrostem, fro-
hem Kindermund:

> Ich geh doch immer auf Dich zu
> mit meinem ganzen Gehn
> denn wer bin ich und wer bist Du
> wenn wir uns nicht verstehn —

Des Menschen tiefste Wünsche hören nirgends auf, nach dem Menschenunmöglichen zu trachten, wie wenn sein heimliches Wurzelwerk eingeboren bliebe aller Allmacht.

Was an ihm furchtbar, was an ihm herrlich ist, kommt von daher.

An die Grenzen davon stellten sich die echten Kunstwerke aller Zeiten: für das schlechthin Unmögliche stellvertretend Werke zu setzen.

So sind Kunstwerke des Menschen letzte Resignationen unterwegs zwischen Gipfeln und Abgründen. Nur wo sie sich das noch verhehlen, schließen sie sich als Förderer oder Weggenossen dem Leben an. Wo sich ihr eigener heimlicher Wesensanspruch verrät, da können sie nicht umhin, zum Laster am Leben zu werden.

In Rainer verriet es sich schon zutiefst seines Überschwanges, der das Dinghafte überschwenglich umkleidete, ehe sich noch das Sinnbild für seine dichterische Ur-inbrunst aus ihm emporhob. Denkt man an Heinr. v. Kleist, so lebt seine Poesie nicht vom Überschwang sondern vom Untergang. Dieser Untergang als Tatbestand an sich, als Vollzug selber, als der Anstoß an die Realität, erlebt sich ihm dramatisch, wie Rainer die Berührung mit der Realität lyrisch. Beider Genie wäre nicht denkbar ohne ihre Ungeschicklichkeit zum Leben außen – auch als nicht gesendet, nicht berufen zur Realität als solcher. Das dramatische Genie Kleists explodierte wie unter einem Schlag; Rainers lyrische Überredungskunst war sein inbrünstiger Vermählungswille von Eindruck und Ausdruck.

Dies kann auch irrig behauptet sein, nur weil der Gedanke an Kleist mich seit März nicht mehr losließ und mich dazu verführte, eine mehr dicke als belangvolle Biographie* zu lesen, die mir durch einen Zufall zu Händen geriet.

Verwunderlich ist, wie gern man Kleists frühe erotische Bedrängnisse in etwas mißverständlich Sensationelles hineingedeutet hat, wo es sich doch einwandfrei um eine der gar nicht sehr seltenen Phimosen allein handelte, die korporell-äußerlich bedingt, durch einen kleinen Außeneingriff beseitigt werden. Dieser zufällige Körpernachteil ist im Gegenteil von ungeheurer Symbolität für Kleists *nur* an realen Zusammenstößen erzwungenen Kämpfe – nicht an eigenen Unsicherheiten oder Zweifeln. Unwillkürlich erinnert man sich an Rainers so total anders gerichtete Knabenmelancholien, die sich am Abstand zwischen überschwenglichen Seelenintentionen und leiblichem Verlangen steigerten. Nicht einmal die knabenhaften Vorkommnisse seiner Militärschulzeit konnte er in sich wieder heraufzurufen wagen, obwohl er wußte, wie er innerlich benötigte, sich mit seinen ältesten Realvorkommnissen dichterisch einzulassen, ihre Verdrängung zu lösen. Kleist ist der geborene Verdrängungslose, dem deshalb von seinem eigenen Triebwerk her nichts was anhaben konnte; wenn das Außen diesen lebendigen Übersturz ausgehalten, bewillkommnet hätte – wär daran die Gewalt seiner

44

Kunstleistung nicht »unnütz« geworden? Sie wäre die Lebensleistung selber geworden, denn *hiernach* sehnte sie sich ja so gewaltig, an einem vollkommenen Leben sich nicht nur ausgeben, nein, sich aufgeben zu dürfen: *dann* hieße ihr Untergang nichts als der Sonnenaufgang auf der anderen Seite der Weltkugel.

Und in diesem Punkt hätten Kleist und Rainer sich die Hände gereicht. Denn für Rainers größten »Überschwang« noch hätte dieser nur eben genug sein wollen am einfachsten Erleben des Alltagsdramas, wie er sich bis zuletzt am liebsten als kleinen Landarzt oder simplen Landmann dachte. Und für Kleist wiederum stand hinter seinen wildesten Dramenstoffen die geheime Inbrunst, die damit das Leben – das ihm widerspenstige – feiern wollte, d. h. *seine* Art von Lyrik.

Von Anfang an mußte ihm sicherlich – als der eine, krasse, unkomplizierte Grund des Untergangs – *der Schicksalsschlag von der Außenrealität her* erscheinen. Nicht umsonst bezeichnet dies bereits den »Robert Guiscard«, den früh unternommenen, nochmals und nochmals geschaffenen, verbrannten und schließlich als letztes Fragment erhaltenen; – den »Guiscard«, von dem Kleist bekannt hat, er sei für ihn »zu schwer«. Zu schwer hieße hier: sich mit diesem Grundschicksal auseinanderzusetzen, das, gleichviel unter welcher Benennung, als Pest, reine nackte Pest, anfällt und hinmordet. Ist Guiscard nicht insofern Kleist selber: dastehend in seiner Mächtigkeit und Nächtigkeit vor allem Volk, vergeblich zu leugnen, was ihn schon verseucht hat? Es war nicht mehr zu leugnen, nur noch einzusehen und damit dies Volk seiner Phantasie und Erwartung, das ihn umjubeln sollte, hinwegzuwischen ins Nichts −. Seine spätern großen Werke vollzogen diese Einsicht; sie bestehen imgrunde in dem *einen* großen Schauspiel, das wir vielleicht unberufen sind Tragödie zu heißen − nämlich: wie jemand die Genie-tat tut, das der *Realität* Unmögliche als *Kunstwerk* zu ermöglichen, anstatt an *sich* daran irre zu werden −.

Oder am Realen irre, das heißt: Phantast zu werden anstatt Kunstgenie. Denn wo sehen wir ihn wieder, nachdem er die ungeheure Bewältigung seiner selbst, der zerstörenden Gewaltsamkeit des Triebhaften in sich, in die strenge Meisterschaft der Form erarbeitet hat − ? Wir sehen ihn resigniert; in erschütternder Bescheidung, Bescheidenheit, auf dem unansehnlichen kleinen Königsberger Posten, ohne Verachtung für was er zu tun hat. Es ist kein Wunder, wenn er *so* dem Jenaer Romantikerkreis nur halb- oder viertel-kenntlich werden konnte, bald als preußischer Staatsrock, bald als größenwahnsinnig eitel. Fast herzzerreißend wirkt es aber, wenn er, gegen das Ende, sogar noch Freude und Genugtuung aufzubringen vermag, weil sein König ihm die flehentliche Bitte gewährt, ihn (für eventuellen Kriegsfall) militärisch *einzureihen*! ungeachtet dessen, daß er sich die Equipierung für die Leutnantserlaubnis erst durch eine zweite Bitte − die um ein Darlehen von 20 Mark − an irgendwen verschaffen kann. *Eingereiht zu sein*: lebenslanger Lebenskampf um das Reale, das sich ihm entzog.

Die Ruhmessehnsucht hatte er gewiß, aber doch nur als das – selbstverständliche – Nebenher: denn, *nachdem* nun seine Werke vorlagen, nachdem er das Seine an Lebensbewältigung damit getan, wars ja nun am Leben seinerseits zu antworten, sich für ihn aufzutun; und daß dies nicht geschah, war wiederum *unbegreiflich* und *unumstößlich* wie nur je irgend eine Pest. Es war gewissermaßen *mehr* und *weniger* als Enttäuschung, weil nur erneute Bestätigung ständig Erfahrenen und deshalb fast zusammenfallend mit der Kernfrage: *Kleist* bleiben oder *am Leben* bleiben?

Was hätte Rainer davon gemeint? In ihm ist Ruhmessehnsucht ebenfalls niemals banal begründet gewesen, sie kam erst spät mit dem Bewußtsein, vollendet Aussage tun zu können von dem, was ihm »Gott« hieß. Dies aber in unproduktivem Zustand nicht zu können, warf Angst und Schmach *auf ihn*, als stelle es den Gott selber in Frage vor ihm, dem »Schöpfer« – und verwies diesen Schöpfer damit in die Hölle, statt in den Himmel göttlicher Gewißheit. Für Kleist gab es keinen *trostlosen* Tod, weil sein Himmel mit ihm identisch war, weil er von ihm besessen war, also kein zu erringender Besitz durch Leistungen: *das* war nur das real genannte Leben; sich gestatten, fortzugehen aus ihm, konnte nur Heimgang bedeuten – den (geliebten) *Gegner* loswerden.

Ganz merkwürdig ist es zu erfahren, wie zu Kleists grausigsten Enttäuschungsschlägen ein gedanklicher, philosophischer gehören mußte, sein Zusammenbruch an Kant (worauf Kant stolz sein kann). Wie ganz anders wirkte er auf Schillers Jugend-, Goethes Mannesjahre, mochte Schiller die positive Begeisterung später auch vorsichtig-selbständig abdämpfen, mochte Goethes schließliche teilweise Anerkennung eines Gewinnes an Kant auch ohne Feuer sein. Bei Kleist ist es, als wurde das Letzte, Einzige, was er noch besaß, so mörderisch durch Kant negiert, daß ihm fortan nichts mehr zu verlieren blieb. Man braucht es nur in den wenigen, für seine Braut popularisierten Worten zu lesen, um alles daran zu verstehn; denn das Letzte, Einzige, ihn mit der Realität noch Zusammenhaltende war gewesen, daß unverbrüchlich *wahr* blieb, was wir ihr urteilend entnehmen; dadurch verblieb es ein Gemeingut, sozusagen, zwischen dem Ur-Kleistischen in ihm selbst und dem gegnerisch zu ihm gestellten Realen. So weit ins abstrakt Geistige hatte er diesen Halt vorbauen müssen, und nun war es nur ein täuschendes Trapez, das ohne weiteres zerfiel und ihn mit sich riß. In seinen wissenschaftlichen Studien und Bemühungen (Mathematik etc.) hatte doch tief etwas von diesem suchenden Glauben gesteckt, ob er nicht in diese glasklare Atmosphäre aufgenommen sei, so wie er war und wie es für alle gilt. (Ich habe mir die Stelle in der Biographie nicht angemerkt, wo er, schon in letzten Jahren, einer Dame schrieb: selbst Unglaublichstes zu gestalten würde er sich gestatten, aber einen wirklichen Gegenstand nicht[1]; so sehr beschränke dessen

1 »So geschäftig, dem weißen Papier gegenüber, meine Einbildungskraft ist, ... so schwer, ja ordentlich schmerzhaft ist es mir, mir das, was wirklich ist, vorzustellen.« An Marie v. Kleist, Sommer 1811.

Realität, Gegebenheit, sein Vorstellungsvermögen.) Noch in seiner Strenge und Gesetzlichkeit der Kunstformung ist diese selbe Sehnsucht eines logischen Verknüpftseins als Verständigungsmittel für seinen Drang und seine Fülle eigner innerster »Wirklichkeit«.

Seiner naiven Lauterkeit mag von der Kant-Wirkung ein fast teuflischerer Hohn ausgegangen sein als von menschlichen Enttäuschungen, deren Allzumenschlichkeit ihnen zugleich Grenzen setzt. Aber schaut man sich die Kleist-Wirkungen in der Nachwelt an, die ja doch keineswegs ausfielen, sondern bis heute immer stärker werden, so beschleicht einen bei solcher Betrachtung erst recht ein Gefühl von tragisch-höhnischem Geschehen. Denn scheinbar übernahm der literarische Verlauf – in der oft vermerkten Linie über Hebbel auf Ibsen zu und in die Modernen aller Schattierungen – Kleists Darreichung jener unermeßlichen Triebfülle und Seelenwirklichkeit, die er, in vorurteilsloser Verarbeitung und Entblößung, in sich zum strengen Kunstwerk bewältigt hatte. Und auch diesen Nachfolgern ist es sogar dabei kleistisch um ›Wahres‹ zu tun – als hätte Kleist seine tragische Einsicht in Kant nicht nur seiner Braut vorgelegt, sondern auch ihnen, die ja ebenfalls längst an Kant nur noch das Populärste ernst zu nehmen brauchten. Ihnen nämlich konnte nichts sonderlich Tragisches draus entstehen, da ihnen die Durchforschung des psychologisch Wahren am Seelenmaterial ja nur am Beobachteten zu leisten war, nicht am Erlebnis des dramatischen Kleistgenies selber. Ihre Kleistnachfolge ist dadurch – beinahe höhnisch, humoristisch – nichts als eine volle Umstülpung, Umkehrung Kleists. Ja gerade um deswillen erscheint er als das letzte ganz große Dichtergenie der Deutschen. Und *tragisch* erscheint der *Grund* dieser Tatsache: das nun unaufhaltsame Hineinschliddern aus diesem kopf-gearbeiteten Psychologie-Material in Psychologistik des Einzelnen, der darin sein spezielles Bißchen zur Ausstellung bringt – bald in Schaulust der Selbstbespiegelung, bald in Traurigkeit und Pessimismus.

Dagegen gibt es ein Kleist-Moment, das andere Verwertung gefunden hat und weiterlebt (wenn auch die Betreffenden es selber nicht wissen): das ist die geistige Durchforschung faktisch erlebter Sinnentatbestände, nicht für »Kunst«, sondern für den Doppelzweck *reiner* Wissenschaft und *persönlicher* Heilung. Warum soll ich es vor mir verhehlen?: ich erkenne hinterher Kleist in der Psychoanalyse.

Und ich meine damit sowohl Kleist als den am Leben sterbenden, wie auch den, der den Tod zur allerstärksten Offenbarung des Lebendigsten in ihm gemacht hat – gleichviel ob er es gewußt hat, welch ein Lebenssymbolum das war: nicht allein zu sterben, sondern in der Gefährtin den Sieg zu versinnbildlichen über das Dasein, das ihm keine Vermählung und Einheit mit ihm selber gewährt hatte. Mag seine personelle Beziehung zur Frau Vogel nicht sehr wesentlich dafür gewesen sein (obschon sie warm vorhanden war, da er Marie v. Kleist gegenüber brieflich bekennt, daß er sie für diese ausgetauscht habe), – sie wurde doch seine Partnerin zum allereinzigen von Kleist verfaßten Drama, das von keiner Tragödie weiß, das keinen andern Grundton kennt als den des freien Jubels, weil nichts mehr dessen ungehemmtes Übermaß in kreischende Dissonanz verkehren kann. Und wirklich: das Dasein tat diesmal, bei diesem ersten und letzten Mal *mit*, als entschuldige es sich bei Kleist, dem Doppelmörder: die hundert kleinen Geringfügigkeiten, die hätten verzerrend und verstörend sich einmischen können, lächerlich oder entsetzlich, seis für die Sterbenden oder für den Anblick, der den Betrachtern davon blieb – hielten sich zurück. (Hinterdrein das Geschehene zu skandalisieren, verblieb den Menschen, deren Recht es ja ist, sich dergleichen saftige Unerhörtheiten nicht entgehen zu lassen im schalschmeckenden Leben.)

Natürlich darf man nicht den Umstand unterschlagen, daß die Kleistsche Todesdramatik ihre Beseligung wahnhafter Grundlage verdankte. Vielleicht nämlich war auch *dies* das erste Mal für ihn, daß der große Verdrängungslose was verdrängen mußte, um einen Wahn aufrecht zu erhalten: ein letzter kleiner Tribut an die Lebensunmöglichkeit, *wirklich* den Ida auf den Ossa zu türmen. Denn tatsächlich opferte die Gefährtin ja nicht Kleist ihre Existenz, sie wurde geopfert von ihrem tödlichen korporellen Leiden; sie mußte nicht um Kleists willen vom Vater, Gatten, Kinde sich losreißen, sie durfte sich ihrerseits hineinreißen lassen in leidenschaftlichste Ekstase an dem berauschten Zustand Kleists, der für sie trostvoll die Banalität ihrer Krankheit mit Gold und Blumen bedeckte. Dies Stück Wahn bei Beiden mußte ja keine Fortsetzung fürchten: im letzten Stück Dasein schenkte Kleist es sich, wie man etwa nach einem Juwel oder einer Blume nur griffe, um sie mit demselben Handgriff bereits zurückzulassen. Was die meisten Menschen lebenslang an Wahn-einbildungen oder Tröstungen hilfsbedürftig aufbringen, das genehmigte er sich in seiner letzten Bewegung des Hinweggehens.

Doch liegt in dem Vermählungsbilde – dreist zugegeben: dem Beischlafsymbol – mit dem Pistolenschuß in die Brustmitte der Frau und dem Schuß in die eigene Mundhöhle, noch eine weitere Symbolität, die darüber hinausreicht. Wie des Mannes Glied in des Weibes Schoß »stirbt«, als sei er in toto der sich Hinweggebende, so wird man hier die Empfindung nicht los, als sei dies alles eine Einkehr, eine Heimkehr in den Mutterschoß gewesen, der ihn, unter dem Sinnbild seines Todes, zu gebären habe: gleichsam statt der ersten verfehlten Geburt, die ihn nicht bis in die volle Daseinsanpassung hatte gelangen lassen. Die Mutter, die ja in der Tat im Empfangen und Gebären ihre Existenz in Frage gestellt sieht, reicht irgendwie gefühlshaft noch in die ekstatische Phantasie von Frau Vogels vermeintlicher Aufopferung hinein. (Ich kann an diesem Punkt nicht ganz umhin, ein ganz klein wenig psychoanalytisch zu mutmaßen: gar zu allgemein sind in Phantasien, Träumen, unverständlichen Handlungsweisen die Einmischungen unbewußter Ineinanderstülpungen von Geburt und Tod in der erinnerten Gestalt der Mutter.)

Möglicherweise wird seine Liebe zu der unendlich viel ältern Marie v. Kleist* auch durch auftauchende Muttererinnerungen erklärlicher. In meiner dicken Biographie (W. Herzog) stehen ein paar Briefstellen, die mich stark berührten: einen Sonnenaufgang schildernd, meint Kleist, die meisten würde das doch heiter stimmen, ihn lasse es nur denken an die Wohltaten durch seine Mutter. (Dies geschah freilich bald nach ihrem Tode, sagte Pfeiffer soeben.) Einen Freund, mit dem er sich nach ernstem Zwist aussöhnt, schildert er die Wirkung des ersten erneuten Händedrucks etwa mit den Worten: es sei gewesen als berühre ich meiner Mutter Hand: »Mehr kann ich Ihnen nicht sagen.«[1]

Bedeutungsvoll könnte mir auch erscheinen, daß für Penthesilea, fast stärker als ihre sagenhafte Amazonengebundenheit, der Befehl ihrer Mutter ihr Verhältnis zu Achilles vorherbestimmt.

Nachtrag vom 11. November.

Nachdem Pfeiffer und ich beschlossen, nie über Kleist miteinander zu sprechen, schrieb ich während seines Aufenthaltes in Trettin* im Mai dies auf. Nachdem wir es heute zusammen gelesen, vermerke ich als Meinungsunterschied das Gleichnis von Tod und Geburt in Kleists Fall. Auch möchte ich feststellen, daß ich Kleists »Mutterbindung« nicht im psychoanalytisch üblichen Sinn faßte: nämlich nicht analog den »Inzest«-Antrieben, sondern als den sehnsüchtigen Rückblick auf ein erträumtes Verweilen im Mutterschoß anstelle des, gleichsam nicht total genug gelungenen Herausgeborenwordenseins.

1 Wörtlich: ». . . schon als Du mir die Hand reichtest, beim Weggehen, kam die ganze Empfindung meiner Mutter über mich, und machte mich wieder gut.« Kleist an Rühle von Lilienstern, Dresden 1808.

Mal las ich doch Kleist nicht nur oberflächlich; jetzt kommen mir manche fast wort-präzise Erinnerungen daran. Wenn ich alter, einstmaliger Lektüre so gedenke, vergegenwärtigt sich mir Kleist als *Relief**. Nach vorn gerichtete, unendlich heraustretende Züge im Einzelnen, im Hintergrund jedoch verhaftet dem Marmorgrund. Nie würde man sich Goethes anders erinnern wie als Vollfigur, frei im Raum, als sei sie imstande, sich mit dem, womit sie sich gerade befaßt, voll einzulassen. Noch ehe man sein Werk, seine Kunstwerke genügend verstanden, begriff man deren Zugehörigkeit zu ihm, er trug sie, sozusagen, unterm Arm, dem Herzen näher, dem Leben abgewonnen, ihn begleitend bei jeglichem, was ihm zustieß (»Gelegenheitsgedicht« im höchsten Sinn).

Bei Kleist denkt man eher umgekehrt: erst die Kunst seines dramatischen Genies macht ihn selber sichtbar, umstellt ihn mit Figürlichem wie mit Bewegungen, deren das *Relief* sich enthält, verhält. Damit ist an Kleist »Kunst« in der Tat *das* geworden, was Kunst ihrem Wesen nach ist, wo man sie unerbittlich ernst nimmt: der andere Weg in eine andere Wirklichkeit – nicht nur irgend ein Ersatzweg in unsere übrige Wirklichkeit, nicht Korrektur oder Schmuck oder Vervollkommnung an deren Schäden. Kleists dramatisches Genie läßt seine Kunst *absolut* werden, zur verabsolutiertesten, die man sich vorstellen kann. Aber eben darum ist sie dem *Relief* nicht das, wonach das Relief ausschaut: nämlich nach *Leben*, nicht nach *Kunst* – nach *Verwirklichung*.

Nirgends ist menschliche Affektwelt in tobenderer Ganzheit herausgelassen: in den extremsten Gegensätzlichkeiten, an denen sich die gestaute Fülle noch am ehesten Unterscheidung gefallen läßt, um überhaupt noch kenntlich über des Bewußtseins Schwelle zu jagen. Aber wer Penthesilea zu folgen versucht, ist fast sofort überrascht, *was* ihn in diesen Bewegungen am fesselndsten ergreift: die ungeheure Kunst ihrer Meisterung in der sprachlichen Dramatik. Man fühlt sich versucht zu sagen: »bitte noch mehr, davon noch mehr! um die Personen bange ich nicht, mag mit ihnen passieren was will; aber dies *hören* ist ja herrlich!«

(Obgleich kürzlich das »Ilion« Drama* mir gerade sprachlich dermaßen imponierte, hätte ich *so* nicht sagen können: mir waren die Personen und sogar die Götter dafür zu sehr ans Herz gewachsen, d. h. was den Verfasser als so hohen Könner auszeichnete, war mir im *Moment* des Hörens nicht das allein Ausschlaggebende. Gern will ich dabei zugeben, das läge an einer Unzulänglichkeit *meines* Niveaus, eines nicht genügend künstlerischen.)

Dazu drängt sich mir die Bemerkung auf: wie viel unreiner (weniger rein) man oft Kunst genießen sieht als speziell bei Kleist-lektüre: irgend ein Erinnertes privater Natur fühlt sich angerufen, oder sonst was. Das ist selbstverständlich abzustreichen, es macht z. B. Kinder fast unfähig (nach meinen Beobachtungen) zu wirklicher Kunstaufnahme.

Aber es ermöglicht wunderbare Ergriffenheiten durch ein Zusammenrinnen von Menschlichem und Geistigem, das wie kaum etwas anderes erlöst und über das Leben tröstet: freilich bewirkt durch Sympathie-Mittun. –

Für Kleist muß etwas Ungeheures (man kann es sich gewiß gar nicht gewaltig genug vorstellen) darin gelegen haben, daß sein dramatisches Schaffen so tun durfte, als gewähre das Leben ihm nicht nur Relief, sondern breite sich um ihn in voller Allseitigkeit und Wirklichkeit; er entließ da hinaus, was sein Inneres nur hergab: noch in stärksten Extremen und Gegensätzlichkeiten explodierend – um an ihnen wenigstens ahnen zu lassen, daß es die unbegrenzte Fülle aller Möglichkeiten in sich barg. Daneben konnte es nur noch ein Gewaltigeres geben: die Qual der Einsicht, daß dies eben Geschaffenes und nicht die hingebende Wirklichkeit selber sei – die immer begrenzend und unvollkommen bliebe. (Daher müßte eigentlich an diesem Punkt der Tod schon als der einzig Freudebringende erscheinen.)

Schaffen und Kunst mußte in diesem Ringen nach Wirklichkeit für Kleist mehr noch bedeutet haben als die Sturmflut aus dem Innern im Moment der Ekstase: sie hatte für ihn, mehr noch als für sonstige große Künstler, in einem höchsten Sinn Ordnung, Gesetzliches, Unumstößliches in ihren Vollziehungen zu bedeuten, wo andere vielleicht arglos im Subjektiven Genüge hätten und an dessen begeisterten Sicherheit. Sogar könnten andere von zu starker Betonung des Technischen beim Schaffen eher ein Absinken von Ekstatischen befürchten, während Kleist sich gleichsam an der Technik und ihren Gesetzlichkeiten erst das verbürgte, was an der Unumstößlichkeit des »Wirklichen« ganz von selbst mitgegeben, gewährleistet wäre. Man könnte bei Kleist sich vorstellen, daß rein technische Probleme ihn zeitweise »schaffend« gemacht hätten (wie man ihm sogar Wetten auf dem Gebiet zuschreibt); ebenso wie ein übermütiges Überlegenheitsgefühl dort Raum gewinnen konnte im Irreführen, Verhehlen, Ausspionieren (bezeichnend auch für seine »fingierten« Briefe.) Das war wohl nicht nur von Zeit und Umständen geboten, sondern entsprach dem geheimen Recht, mehr zu wissen als Menschen zu sagen ist. Wo z. B. ein Goethe letztlich doch nur Gestaltbares als für die Kunst Daseiendes anerkannt haben würde, endet Kleist mit großer Naturgemäßheit im Geheimnis – wie sichs auch in die Naturanlagen seiner Personen erstreckt: in Visionärem, Verdämmerungen.

Als ich Kleists »Marionettentheater« von Pfeiffer vorlesen hörte, ergriff es mich so, daß hier im Tagebuch es mir zur Erinnerung eigener Philosophie wurde; jetzt verstehe ich es erst von ihm aus: als seinen Drang, das menschliche Triebwerk sich zu solcher Bewußtheit, im Laufe endloser Übungen, vervollkommnet zu denken, daß es in seinen Bewegungen, Regungen Ordnung unwillkürlicher Grazie würde. Also faktisch würde, was die Ordnung seiner Kunst aus der tobenden Fülle des Möglichen künstlerisch herausarbeitete. Der Mechanismus derartiger Grazie und Anmut erschiene damit als vollendetes Spiel, *eins* mit der unausweichlichen Strenge und Notwendigkeit, wie sie an einem logischen Exempel vorliegt. Dies Wunder hinge jedoch von dem ab, was hinter der anscheinenden Gliederpuppe der Knopf in deren Rückenlage ist, auf den gedrückt wird: von der »*Inbrunst*« des Druckes strömt in die Holzglieder die strenge Unterordnung, die sich nur als anmutvolle Selbstverständlichkeit äußern kann.

Der Knopf ist das unsichtbare Zeichen für das Heimlichste und Unheimlichste in der eigenen Veranlagung Kleists; irgendwo angeschlossen an das ihm Göttliche, zugleich aber dem Leben gegenüber abgeschlossen wie mit Holzgliedern von dessen Bewegtheit, weil er von ihm Vollkommenheit verlangte und voraussetzte. Kleist konnte nicht vorliebnehmen, wie Menschen und auch Künstler es tun. Sehnsuchtsvoll erwartete er, daß er das *Leben* statt bloßer Kunstgestaltung erfasse, dadurch daß es Göttliches sei, wovon er erfaßt *würde*.

Weil man nicht vorliebnehmen soll (wie recht hat er!), darum ging er hinweg.

Innerhalb der sogenannten Normalität gibt es durchgehends die zweierlei Menschenrichtungen der vorwiegend Verdrängerischen oder der Verdrängungslosern. Das Erste erscheint zwar als ein dermaßen unumgängliches Stück unserer Entwicklung zum Bewußtsein, daß sein Fehlen, Ausbleiben an Schwachsinn oder Erkrankung denken ließe, während der allzu Verdrängerische allenfalls der Neurose verfiele anstatt der Gefahr einer Psychose. Jedoch innerhalb der Normalität beobachtet, wo nach beiden Seiten gesunde Einstellung sich kennzeichnet, übersieht man leicht, daß auch dem Verdrängungsloseren das Grundfaktum der Verdrängungsfähigkeit nicht entfällt, nur von wo anders her sich auswirkt. Sein »Lossein« bedeutet nicht schlechthin ein Negativeres, es enthält nur eine andere Art des Angeschlossenseins, das seine Momenttriebe beeinflußt. Anstelle der uns formenden oder befehligenden Gebote und Verbote der Außenwelt nimmt er sie aus der Elementarität des Triebwerks selber, als nicht von ihm veranlaßt, ihn also nicht seiner Unschuld entreißend, wenn auch hie und da mit der obwaltenden Realität in Konflikte reißend. Wenigstens beharrt solcher frühester Gemütszustand unser Aller bei ihm eine Strecke länger als beim erziehungswilligern Menschenkinde. Auch später noch erscheint er namentlich mit seiner Leiblichkeit identischer zusammengefaßt als der Andersherum-gerichtete, der von vornherein, von den ersten erziehlichen Klapsen an, seinen verschiedenen Leibesreizungen gegenüber an Kritik gewöhnt wird.

Außerhalb der Normalität erscheint den Normalmenschen der Psychot gewissermaßen als der Kränkere neben dem Neurotiker, – ist er doch auch der Unkurierbarere schon durch diesen stärker fehlenden Kontakt, der ihn undurchdringlicher fürs Verständnis macht (auch ganz abgesehen von den Fällen spezieller Gehirnleiden oder Verursachungen durch toxische Wirkungen). Aber auch innerhalb der beiden Wesensarten im normalen Leben gilt die eine unwillkürlich als fremdbleibenderer, gleichsam aus der normativen Mitmenschenwelt herausgeglittener; er wird leichter und eher als »krank« oder als »böse« mißverstanden, weil er *das* gefährden könnte, was der normal Verdrängerische sich an maßgebenden Verboten und Geboten anerzogen hat und was deren Erfolg sichert und verbürgt.

Faktisch sind beide Wesensrichtungen gleich wichtig und nützlich für die menschliche Funktionstüchtigkeit, lebendig darin verteilt im seelischen Ganzen. Da wir keineswegs auf unsern Rücken ein ablesbares Plakat tragen, das ewige Wertgeltungen festgenagelt enthält – da dieses in Raum und Zeit wechselt –, so stellt sich als der »Gesundeste« schließlich noch *der* dar, dem beim schwierigen Eiertanz des Lebens, zwischen dem Befohlenen und dem Erlaubten, am besten gelingt davonzukommen – d. h. die relativ geringste Anzahl Eier dabei zu zerknallen. –

In den letzten Monaten – vielleicht durch meine

Rückbesinnung auf Kleist – sind er und Rainer mir zu so ganz typischen Vertretern von Verdrängungslos und Verdrängerisch geworden.

Vielleicht zu kraß unterschieden, aber es kennzeichnete im Typus ja zugleich Rainers typische Verschiedenheit von *mir*. Gerade dadurch lag unser *Eins*sein so tief noch hinter allen persönlichen sonstigen Eigenschaften oder Gebarungen. An den Lebenskonflikten neurotisch geworden, sehnte er sich auf eine ungebrochene Grundbasis zurück, wie er sie noch als Kleinkind besessen haben mochte: von daher das bestimmte Gefühl, die Kindheitserinnerungen auch werkhaft heraufrufen zu müssen, trotz des Schauderns davor. Denn er empfand, wie sein Schaffen dadurch behindert würde – gerade wo es so tief durchbrach, daß es das Grundlegende erlösend erreichte.

Ist es doch wie ein Fremdkörper im Kreislauf, wenn im Unbewußten, Hingegebenen, alles das herumstockt, was an unerledigten Verdrängungen sich einmischte. Ist es doch ebenso verstörend für Vollzüge im Realen wie im Produktiven: beides absperrend, ergeht es sich in einem hilflos Irrealen in maßlosen Übertreibungen, sei es an Grauenhaftem oder Leidendem, wie keine Realität sie beherbergt, sondern nur die »produktiv« aufgepeitschte Phantasie sie ermöglicht. Dies ist Rainers oft vermerkte »Hölle«. –

Mir ist erst nach Niederschrift der »Lebenserinnerungen« im »Grundriß« klar geworden, daß er einer Grundkorrektur bedürfte, die mich erst richtig in die Linie der *Verdrängungslosen* rückt – vielleicht sogar bis in *die* jenseits der vollen Normalität, namentlich im Kindesalter. Mir scheint, daß das, was damals den Leuten als Phantastik vorkam und wodurch ich von manchem Üblichen abstechen mochte, eher eine Art von Nüchternheit war, die gar nicht erst der Phantasie benötigte, um etwas als *real* zu statuieren, was ich doch nur träumte oder mir erwünschte – wie etwa im Schlaftraum die aufsteigenden Bilder von ungeheurer Objektivität getragen sind.

So erfuhr ich auch lebenslang, wie oft das mir Selbstverständlichste, Unbetonteste gerade als das Auffällige erschien, das Simple, was ich damit gemeint, als ausgehend auf Sensationelles. Ich versuchte zwar wohl, ohne Trotz später, der Urteilsweise Anderer zu folgen, vergaß sie jedoch gleich wieder und wurde allmählich so viel selbständiger, als ich bewußt beabsichtigt, daß ich das Ohr, das Organ, verlor für fremder Leute Lob oder Tadel – was mir übrigens meine Mädchenjugend* so wundervoll frei erhielt. Ich kam auf ähnliche Weise wohl auch im übrigen überraschend um Einflüsse herum – um die uns anerzogene Moral, um Gewissenskonflikte, Schuldgefühle etc. Denn das kann kaum dem »lieben Gott« meiner Kindheit in die Schuhe geschoben werden, der so infantil parteinehmend für mich einstand: eher verhielt sichs umgekehrt – seine kindlich unbekümmerte Gestaltung ihrerseits ergab sich aus der Dreistigkeit, womit ich ihn mir aus dem erschuf, was mir als *real* am wünschenswertesten erschien und folglich unanzweifelbar *war*.

Im »Grundriß« verzeichnete sich mir manches durch mein Bemühen, es sich mir als *Weibliches*, Weibtum zu erklären. Vielleicht entsprang es weit eher »unweiblichen« Zügen: einer sorglosen Mischung von Passivem und Aktivem, einer weniger zugespitzten Gliederung aufs Geschlecht. Ich lasse das dahinstehen. Aber der Schrecken, den absolute Dauer mir auch erotisch einflößte, erscheint mir jetzt so: ein Absetzen elementarischen Durchbruchs gerade infolge seiner Intensität – wenn sie nicht etwa getötet hat (worauf sie ja fraglos ausgeht) – trat mir als das schlechthin Naturgegebene ins Gefühl.

Mich hat mehrmals ein Geschehen stark berührt: wenn nach Lösung vom Partner dieser durch den Entzug an Liebeszuwendung nicht nur nicht verlor, sondern auf eine neue Weise hinterher gewichtig werden konnte, *weil* er damit zugleich aus den Übersteigerungen gelöst wurde, in denen man liebend seine Einzelperson gleichsam verrenkt hatte. Wieder zurückgegeben an seine eigenste Wirklichkeit, ohne Ansprüche oder Voraussetzungen, wendet erst der nüchterne Blick ihm jenes Interesse zu, welches wir das *sachliche* nennen und das doch nicht nur Abwesenheit von Liebeszutaten unseres persönlichsten Geschmackes meint, sondern Hinwendung an die Realität um uns, der wir selber zugehören und worin wir heimisch zu sein trachten. Auch in eben dieser Nüchternheit liegt wieder *Ehrfurcht vor dem Partner*; ist doch seine Gleichsetzung unser Aller mit Allen – »ohne Ansehen der Person«, wie es »vor Gott« in der Bibel gemeint ist – eine Basis, auf der wir (anstatt der »herrlich tötenden« Intensitäten unserer Affekte) erst des Lebens teilhaftig bleiben. Was uns mit allem und allen gemeinsam macht, nicht in liebenden Übersteigerungen, sondern in jener untergründenden, ganz gedämpften Wärme, die sich jeder sachlichen Einsicht gesellen kann, oft das einzig wirklich Kontinuierliche neben unsern Affektzuspitzungen bis zur Hitze. Diese Kontinuität zeitweise verloren haben, verringert, vermindert uns selber derart, daß wir unserer Wärme zu uns selbst folgerichtig unsicher werden – ja ist ein drohendes Erkrankungszeichen.

Doch will ich redlich zugeben, wie sehr dies plaidoyer dafür bei mir immer allzu kräftig ausfallen könnte: weil mir nun mal (einerlei ob mit Recht oder Unrecht) das Ineinandergleiten von Verlangen nach Gemeinsamkeitsgefühl und nach sachlicher, denkerisch gerichteter Klarheit irgendwie allein natürlich ist. Drum lebenslang alle Denk-Angelegenheiten mir zugleich leidenschaftliche Angelegenheiten und wiederum alle leidenschaftlichen einem Drang nach Einsicht zugeordnet gewesen sind. Der wunderbarste Schwarm reichster und geistigster Artung wird kurz durch seine Unfähigkeit, tief genug sich bis dorthin zu verwurzeln, wo unser gleicher Boden mit Allem auch unser Erkennen-wollen von Allem mit-einbegreift – weil dieses selbst ja ein Wärme-Erzeugnis bereits ist und von solcher normalen Verbundenheit abhängig in Kopf und Herz.

Ich erinnere mich einer Auseinandersetzung über dies oder ein naheliegendes Thema mit Freud, dem eine *unweibliche* Gefühlsweise daran auffiel, indem sie nicht verlangender nach der gegenseitigen Liebesschwärmerei ausging. Auf meinen Einwand, daß gerade nichts so stürmische Dankbarkeit in mir geweckt hat wie Gewalt eines mich *lieben* zu *machen*, ihn, und sei es auch nur kurz, für den Herrlichsten von allem zu verabsolutieren — antwortete Freud mit seinem feinen Lächeln:

»Jawohl, — sogar ist solchen Menschen das ›zum Lieben gebracht werden‹ weit unbedingter erforderlich als das Geliebtwerden, und dies ist das Nicht-weibliche daran — denn wissen Sie, was es im Grunde ist — ? *Kühle*.«

Mich machte diese Antwort zunächst perplex, doch wie recht hatte er. Wo was reichlich strömt, ist man gar nicht so stürmisch dankbar, daß dieses Strömen durch jemanden aufgeschlossen wird an einer Einzelbegegnung und damit alle sachliche Einsicht beiseite schiebt.

Ich füge hier ein autobiographisches Geschreibsel ein, das ich im »Grundriß« ausließ, weil ichs wirklich noch nicht enträtseln konnte.

Es ist folgendes: nach meiner Ziviltrauung 1887 in St. Petersburg mußte nämlich (— *mußte*, ja mußte!) anschließend eine zweite ermöglicht werden, die in jenem kleinen holländischen Dorfkirchlein stattfand, worin Gillot 1880 meine Einsegnung vollzogen: warum, hätte ich damals nicht sagen können, nur daß es Urbedingung für meine Trauung überhaupt war. Auf eine Benachrichtigung hatte er schroff ablehnend geantwortet. Da kam zum Rätselhaften meines Verlangens etwas noch Sonderbareres: ich griff bedenkenlos, spontan, ohne Kampf oder Überlegung, zu einer faustdicken Lüge; ich ließ Gillot durch meinen Brief glauben, ich könne dann also nicht umhin, mich einer richtigen Familienhochzeit in St. Petersburg zu unterziehen (wo er infolge der Einsegnung amtlich zum Trauungsvollzug verpflichtet worden wäre). Hierauf kam prompt die Drahtung: »Komme Holland.«

An einem Sonntagmorgen, in unserer Reisekleidung, standen wir vor der erstaunten Dorfgemeinde zu Dritt: beide Männer tiefer vom Anlaß bewegt als ich, die ich – furchtbar ernst – nur Raum hatte für *eine* Empfindung: nun *ist* es geschehen!

Jetzt ist mir klar, wie hinter Verlangen und Verlegenheit gewissermaßen ein Redlichkeitszwang steckte, zur Unverbrüchlichkeit dessen, was meinem ganzen Wesen zuwider strebte. Keine Sekunde erwog ich, daß Gillot und ich selber Liebesleute gewesen, die sich hatten trauen lassen wollen. Was er davon dachte, erfuhr ich nicht: selbiger Nacht reiste er (der nicht beurlaubt war) nach St. Petersburg zurück. Aber es hatte eine dauernde Folge, denn es löste unsere menschliche Zugehörigkeit – er verzieh es mir nicht. –

Wie verhält es sich in solchem Fall nun mit »Treue« – ?, mit Untreue – ? Kaum kann man sich ja Treueres denken als diese Weiterwirkung, über alles personell und leidenschaftlich Erlebte hinweg, bis in die eigensten Lebensentscheidungen hinein, die sich nur an *dem* sanktionieren wollen, der einstmals geradezu den Kindheitsgott ersetzte. Aber – Freuds Wort von der »Kühle«! Die Kühle ist hier die Nichtbeachtung der, das Symbolische an der Sache vertretenden Person: das, wozu die Person benötigt wird, tut man nicht *ihr*, sondern *sich* zuliebe. Anders wäre es, wenn auch *sie* nach wie vor sich als Vertreter dessen fühlte, wozu sie einstmals das Kind erzog: dadurch wäre sie mit-umgriffen davon und empfände es als Treuebund. Da es nicht beiderseitig sich vollzog, sondern dem Andern fremd, unverständlich und als Überheblichkeit gegen ihn erschien, *löste* es sogar die noch restliche Zusammengehörigkeit: er wurde lediglich mißbraucht.

So erscheint: *sich* zulieb handeln und dem *Andern* zuliebe im frühsten Punkt – im Punkt der Sanktionierung durch ihn – Treue erweisen, als unentwirrbar ineinander geflochten. Es bleibt zutiefst eine Identität von »er« und »ich«, und Stärkeres kann man von keiner Liebe aussagen, als daß sie *da* Wurzel behält, wo sie aus *einer* Wurzel mit uns selber wächst – auch noch wo im Getriebe der oberen Äste und Früchte noch so verschiedenes Wachstum sich ergibt.

Aber andrerseits werden Menschen, denen derartige Treuebeweise gelingen, zugleich solche sein, denen man Treue am ehesten abspricht – und nicht zu unrecht. Denn das sind eben die »Verdrängungslosen«, denen der erwähnte unentwirrbare menschliche Knäuel keine eigentlichen Konflikte und Verdrängungen einverleibt, sondern ihnen frei gestattet, auf ihren eigensten Urboden gleichsam zurückzugleiten – wo sie dann eben auch den Andern von einst wiederfinden, obschon *er* das nicht mehr personal zugesteht.

Solcher Urboden ist unmittelbar für sie eins mit

aller Sanktionierung – mit jenem unbewußt und instinktiv gegebenen Angeschlossensein, das eingangs erwähnt wurde als Kennzeichen der vorwiegend Verdrängungslosen. Anstelle dessen, was moralisch, ethisch, verantwortlich, gewissensmäßig sich hat binden lassen, erreicht es *seine* tiefste und letzte Stelle in erlebter Andacht oder Ehrfurcht – auch ohne bewußte, vorstellungsmäßige »Frommheit«: jedoch vielleicht nicht ohne eine Art Beweis dafür zu enthalten, warum alle menschliche Entfaltung auf »Frommheit« zurückgeht – und ob das nicht Anfang und Ende unseres Menschentums überhaupt enthält.

1935

Aus Januar und Februar
Ein Versuch

Daß Elterliches uns einverleibt in sich trägt, daß wir nur von dort her, als Empfangende, in den Besitz unserer Einzelexistenz gelangen, ist nur eine kreatürliche Selbstverständlichkeit. Für unser menschliches Bewußtsein, das uns in ein In-uns und ein Außerhalb-unserer auseinanderhält, bleibt es nicht ständige Gegenwärtigkeit, daß alles Existente zusammenströmt aus seiner Einbettung in sämtliche Existenz. Wie unsere Wachstunden aus denen des Schlafs ihre Wachkraft beziehen – wie er nicht nur Ermüdungsfolge ist, sondern Grundbedingung selber der Ermöglichung menschlichen Wachvermögens, – so tauchen wir jederzeit bewußt erst aus dem Unbewußten all dessen was ist. Aber unsere gesamte Lebensrichtung, sowohl wissentlich wie instinktiv, auf unsere Selbstdurchsetzung als Einzelexistenz gerichtet, kann nicht umhin, dieses Selbst in uns gegen alles Außerhalb-unserer zu betonen wie ein allein Vollwirkliches.

Dennoch kommt der Urtatbestand in uns zur Spürbarkeit. Im Physischen mahnt schon unser eigener Leib zu stark daran, den wir als mit uns identisch zu fassen meinen, während er darauf beharrt, ein Stück Außentum zu bleiben – wennschon das uns zunächst Gelegene. Wir müssen ihn kennen lernen und zu beeinflussen suchen wie irgend ein sonstiges Stück außerhalb, und bleiben darauf angewiesen, ob wir auch noch so »tief, tief, tief« in uns hineingreifen, um eine geheimnisvolle Stelle der Identität mit uns zu fassen. Und unsere Bewußtheit selber? Was erfährt sie, in all ihrer Sinnes- und Verstandesschärfe, gewisser, als ihre bloße Mittellage zwischen den sie umdrängenden Außen- oder Innenreizen, unter denen sie sich zu orientieren und zu schützen sucht – weit weniger wie deren Besitzer als wie ein darauf angewiesener Fremdling. Bereits während der nicht allzu langen Wegstrecke unserer klarsten und stärksten Bewußtheit befehligen, überlisten, vergewaltigen uns die fremden wie die eigenen Andränge und Dinge.

Jemand bezieht seine beste Kraft und freiesten Impulse aus dem Untergrund, den er mit allem Sein unausweichlich gemeinschaftlich hat, ohne diesem Umstand auch nur einen halben Gedanken darüber zu schenken. Denn er fühlt sich in dieser unbewußten Einheit mit allem nur erst recht frei und auf sich selber gestellt, seiner am zuversichtlichsten sicher, und dem allein gehen seine Gedanken (als dem Punkt des von ihm am lebendigsten Intendierten) nach. Aber bemerkenswert ist es, warum wir an den Gipfelpunkten unserer eigensten Hingenommenheiten – seien es Genüsse oder seien es Begeisterungen – uns so bald personal entschwinden, einfach vergessen, daß *wir* die Genießenden, die Begeisterten sind, weil dies Bewußtsein keinen Raum mehr zu solcher Selbstbetrachtung läßt.

Analog verhält es sich auch, wo unsere Hingenommenheit einem geliebten Einzelobjekt gilt. Die Kreatur, an der wir die korporelle Aufregung sehen, macht es uns auf diesem Gebiet vor. Schlechterdings unmöglich ist es, voll zu lieben ohne eigene Zurückstellung gegen das Geliebte infolge (akuter) ungeheurer Überschätzung daran: man bejaht dann den (ironisch dawider ausgespielten) Satz: es ist Dir wohl Himmel und Erde, Allbesitz. Gegenliebe erscheint zu großem Teil deshalb so köstlich, so lebensnotwendig, weil sie sozusagen die eigene Verringerung wieder etwas aufhebt. Diese (nicht anhaltende) Verwechslung mit absoluter Vollkommenheit ermöglicht dem Liebenden den einzigen Schlüssel zu den wonnereichsten Tollheiten und Weisheiten seines sehr irdischen Lebens.

Und endlich: wie verhält es sich denn mit unserer Fähigkeit des Schätzens, Abschätzens, Rangstufenbildens überhaupt? Der kreatürliche Beginn dazu in ersten Unterscheidungen des nötigsten Praktischen, über das die Erfahrung belehrte, – warum führt er uns zu unsern Vergleichswerten und deren Beurteilung bis in alle letzten, uns absolut geltenden Hochwerte, etwa der Ethik und Moral? Sie setzen alle ein Unvergleichliches an Wert als Maßstab voraus. Sie setzen eine Wesenstendenz in uns voraus, die sich nicht anders genugtun kann als an Absolutem, außer Vergleich Stehendem, von dem aus – um dessen willen – alles Vergleichen erst anhebt und zu unserm menschlich Unentrinnbarsten sich entwickelt. Nur dort ist es verankert: nicht wie an einem gedachten, vorgestellten Gipfel, sondern im Untergrund unserer Aller.

Denn aus dem Mehr als nur »wir«, worin wir enthalten sind, ergibt sich an unserm Wesen eine nie fehlende *passive* Komponente. Wir sind durch sie nicht aus dem Zentrum geschoben, sondern dürfen uns im Gegenteil erst durch diesen in uns allgegenwärtigen Untergrund so zentral fassen, wie unsere überhebliche Ich-Herrlichkeit es sich vorstellt. Unsere, durch unsere Bewußtwerdung vollzogene Abhebung, Abgehobenheit zu etwas Einzelnem nährt sich nur so von dem, was sie weit über sie hinaus ausmacht. Das Tier, das unabgehobener darin ruht, bedarf noch keiner speziellen Ernährung daraus, erlebt sich noch unmittelbar als dasselbe. Bei uns drängt dieser Urtatbestand schon gegen unsere Bewußtheit an, auch ohne sie jedesmal wissentlich zu erreichen, – daß wir untergründet seien von unserer passiven Komponente, um zu unserer Aktionskraft zu gelangen. Man hat dies als factum unserer Erfahrung festzustellen, nicht etwa auf sonderliche höhere Eigenschaften der menschlichen Psyche zurückzuführen, wie es unwillkürlich so oft geschieht. Denn es begab sich in der gesamten Menschengeschichte so, daß sich um diesen Punkt unseres passiven Eingestelltseins alle Metaphysik, Religion, spekulierende Philosophie, Ethik etc. sammelte. Anstatt ihn aus dem menschlich Zuständlichen zu schildern, ohne sich an inhaltliche Denkvoraussetzungen zu binden, scharte man alle heimlichen Wünsche drum herum, die vom Menschen erhabener, ich-herrlicher denken ließen. Aber rein aus dem Zuständlichen betrachtet, kann uns in der Tat hie und da in einem religiösen Dokument, ja in einem Traktätchen eines frommen Mütterchen bereits, irgend ein Wort, ein Ausdruck wie mitten ins Herz treffen – ja schon etwa der biblische: ›ich lebe, doch

74

nun nicht ich[1] . . .‹ etc. Der Grund dafür ist dieser, daß die glaubensvollen Leute aller Schattierungen, die sich wunschgemäße Wahnvorstellungen dranbauten, so unbekümmert und drastisch uns »aus der Seele« sprechen. Nur sie reden keck und naiv, wie der menschlichen Seele in ihrer faktischen passiven Hingegebenheit »zu Mute« sein kann – so daß es ist, als gäbe dies ihrer Wunschdrastik ein Recht. Ein Recht aus der zuständlichen Tatsächlichkeit, wenn sie sich zu behaupten erdreistet: »ohne Vertrauen und Andacht lebt es sich menschenunmöglich!« Jemand, der sich dessen völlig und grundsätzlich denk-sauber entschlug, wendet mit *seinem* Recht dagegen ein, daß der Wunschbeflissene sich dazu fälschend der Erkenntnismittel bedient, die doch nur aus der Not und Erfahrung des Praktischen stammen. Aber er begibt sich dadurch meistens eines Stücks der auch in ihm wirkenden Lebensfreudigkeit, Lebenszugehörigkeit, der seine Ichbewußtheit doch nur wie ein Überbau aufsitzt. Als verkleinere oder lähme sich ihm infolgedessen ein Fuß oder eine Hand an dem ihm zustehenden Organismus: und nicht selten erfährt er das als Anflug von Depression.

Das stößt an ein Grundproblem: an die einfache Tatsache, daß wir in unserer Egohaftigkeit nicht umhin können, sie zu identifizieren mit all dem Mehr, das sie untergrundet – ja dies als eine Identität durchzuspüren. Das heißt: eine Identität von Selbstliebe, Selbstsicherheit *und* Hingegebenheit.

1 Vollständig: ›Ich lebe, doch nun nicht ich, sondern Christus lebt in mir.‹ Galater 2, 20.

Von Passivem als des allein voll Aktionsfähigem in uns. Wie gegensätzlich beides auch erscheint, fällt es in unserer innern Einstellung dazu dennoch in eins zusammen: je egohafter, desto weniger egohaft untergründet. Mit andern Worten: das uns Untergründende kommt uns zu Bewußtsein als ein uns Überwölbendes.

In »einigen meiner Lebenserinnerungen«[1] habe ich Vergangenheit niedergeschrieben; in den *Nachträgen* des grünen Tagebuchs[2] standen zwar bereits Korrekturen aus der Gegenwart der nächstfolgenden Jahre, doch nicht sie selber als solche. Auch jetzt handelt es sich mir nicht um sie selber allein, denn es ergibt sich dabei zugleich eine – gleichsam räumliche – Distanz, wie sie analog zu Vergangenem besteht: so etwa, wie eine Urahne auf die Ihrigen und auf das Ihrige blicken würde: sie schaut es um so gegenwärtiger als das Gewordensein am Zeitlichen. Da ist alles Leben *zugleich* Objekt *und* der erlebende Betrachter. Er ist damit *empfangen*, nicht mehr aktiv *erwerbend* oder auf Verdienst angewiesen.

In meinem Fall hatte es noch besondere Gründe, warum ich erst im Alter in diesem Sinn zu solcher Empfangenden (fast wie vor Geschenktem) wurde: größtenteils infolge allzu eigenwilliger und eigenmächtiger Entwicklung. Zum andern Teil wohl infolge des Angestammtseins in der russischen Hauptstadt, dem »Fenster nach Westen«, wie sie sich so gern benennen ließ, was nämlich nur hieß: weder nach Osten noch Westen zwingend bodenständig hingehören; durch die Enge des Fensterrahmens allein sieht man sich von den Riesendimensionen des Russentums abgehoben und kann doch nie

1 »Grundriß einiger Lebenserinnerungen« (»Lebensrückblick«).
2 Grünes Wachstuchheft, 1934.

ganz umhin, die Fülle, in die man schaut, deshalb mit dem Engbegrenzten des Rahmenwerks zu verwechseln. Als es mich von dort dann ins Ausland drängte (über die »Grenze«), da bedeutete die ausländische Seite wiederum so sehr ein Rahmenloses, daß sie in eine Internationalität riß, die (sogar speziell in deutschen Landen am meisten) in rein geistige Entwicklung des Einzelnen mündete – als dem in der Allgemeinheit des Angestrebten noch am ehesten auch heimatlichsten.

So erschloß sich mir erst auf dem eigenen kleinen Erdenfleckchen, an der Familie, die es mit umschloß, allmählich das Einheimischwerden – trotz der vielen und wundervollen Einzelbindungen meines bisherigen Daseins.

Ich mußte manchmal an eins – nicht nur eines – der Gespräche zwischen Josef [König]* und mir denken: diesem ganz auf Produktivität gestellten wahrhaften Geistesarbeiter, dem die Stetigkeit am *Mechanisierten* einer Arbeit beinahe eine besondere Art von *Neid* erwecken könnte, weil jener [der Mechaniker] doch eins mit dem Ganzen verbleibt, das über ihn hinaus weiter dröhnt und lebt, während alle geistige Produktion von der momentanen schöpferischen Verfassung abhängig ist. Allenfalls stellt man sich Momente äußersten Rauschzustandes – ein rund abrollendes Gedicht – ähnlich vor: beinahe wie unabhängig von einem selber, beinahe eher »Werk der Dichtkunst« wie des bewußten einzelnen Dichters.

Vergegenwärtigt man sich alle Zwischenstufen unseres beruflichen Lebens als Mischungen von diesen äußersten Gegensätzen – also etwa zwischen der Bedienung dröhnenden Maschinenwerks und dem Ausbruch so gesteigerter Produktivität, daß sie sich beinahe ihrerseits schon unserer bedient, so umfaßt das unsere sämtlichen Leistungen und Tätigkeiten. Je mehr die Beschaffung von etwas der Mitwirkung von »Geist« oder »Seele« – oder wie unsere ungenauen Namengebungen uns heißen – bedarf, desto mehr beschafft unser Vergänglichstes es: nämlich wir selber Vergänglichen, alle Augenblicke Aussetzenden, Ausbleibenden, darum in Unruhe, Angst, Hoffen und Befürchten Verstrickten, während, was wir schaffen wollen, nur um desto mehr das hoch über uns selbst Vollkommene meint. Deshalb auch die Möglichkeit zu allerseelischestem »Neid« auf die Stetigkeit der *Schwerarbeit* wie auf einen gewissen tiefen Friedenszustand, weil sie zugleich des Einzelsubjekts enthoben ist. So läßt sich Vollkommenes ja auch so gut an einem absolut klappenden Mechanismus vorstellen, wo jegliche Störungen, Aufenthalte (– und Beseeligungen! –) des sogenannten Seelischen fortfallen.

Und so werden diese zwei absolutesten Gegensätze, wenn man ihnen tiefer nachgeht, einander zum Gleichnis.

Wie ich an meinen Hausgenossen menschliche Arbeit neu beobachten lernte, so auch menschlichen Verkehr untereinander. Ohne jene Art von Konvention, die mir von Jugend auf die übliche Geselligkeit verleidete. Wo arbeitende Menschen einander besuchen, da ist auch der Besuch eine Mitarbeit oder unbefangene Fortsetzung der eigenen; dadurch wird auch der Gesprächsstoff voll des *wirklich* Interessanten – nämlich der Wirklichkeit, in der man gerade drinzustehen hat. Mir fiel auf, wie dabei der Blick auf die betreffenden Menschen natürlich und unvoreingenommen wird; man unterscheidet nicht nach Spezialentwicklung oder Bedeutung, ja sogar ganz eigentliche Nachsicht mit einzelnen menschlichen Schwächen findet in diesem ganz allgemein gehaltenen Wohlwollen auf natürlichste Weise statt. In unsern kulturellen Ständen, wo mehr und mehr jeder Einzelne nach *dem* abgeschätzt wird, was er für sich allein bedeutet, geht das fast notwendig im Ton der Geisteshaltung verloren; nur noch ersetzt durch übertrieben festgelegte Umgangsformen und geltende Konvention. Mir bleibt in Erinnerung eine der Gesellschaften (vor meinem völligen Verzicht auf solche), wo keiner war, dessen Ruf und Wirksamkeit es nicht schon interessant gemacht hätte, ihn kennen zu lernen, dennoch tödliche Langeweile um sich griff, weil das geistige Spezialistentum nicht in natürlichem Kontakt mit seiner oder der übrigen menschlichen Allgemeinbedeutung stand.

Nicht als ob auch die Bedeutendsten und Entwickeltesten der Menschen nicht ebenfalls alles in sich zu menschlicher »Harmonie« (wie es so schön heißt) bringen wollten, aber man muß ihnen auch gerecht zurechnen, daß Einseitigkeit durch sehr große Kraftausgaben unvermeidlich wird. Wieviel jemand dennoch an innerer Einheitlichkeit leisten kann, am Verbleiben in seinem Zentrum trotz dessen Weitung nach speziellen Seiten, ist eine Frage seiner Gesundheit. Unendlich charakteristisch ist es, daß wir den stärksten Eindruck von Gesundheit da haben, wo *der Mensch mit seinem Widerspruch* verschiedenster Eigenschaften untereinander sozusagen dennoch *einer* bleibt, sogar wo sie sich direkt auszuschließen scheinen, z. B. etwa, daß der Mensch des Lebensernstes auch zugleich ein Mensch der Freude sei: dann merkt man, daß, noch tieferhin, beides zusammengehört – ja gar nicht ohne einander sein kann. Denn erst wenn die volle Einsicht in »Ernst«, in alle Schrecknisse, die alle Existenzen unberechenbar jeden Augenblick überfallen könnten, begriffen und ergriffen sind, ohne daß man sie sich zu verhehlen oder zu vergessen sucht: erst dann hat hinter dieser Fassung auch wieder Freude Raum; die *Freudigkeit* anstatt des bloßen *in der Welt habt ihr Angst*,[1] trotz zitternden Hoffens von Einzelfall. Oder ein anderes Beispiel: in wieweit jemand imstande ist, seine innere Wärmequelle für alles außer ihm Existente mit seinem nüchternen Verstandesblick auf die Dinge (der zu seiner Selbstdurchsetzung gehört) zu einigen – ohne daß dies beides auseinandergleitet in Härte neben Sentimentalität. Je nachdem, wie die seelische Lagerung des Widerspruchsvollen im Menschentum gelingt, hört es auf, sich zu widersprechen, da wir im Grunde unseres Urseins nie nur wir selbst sind und doch eben *daraus* allein unsere Selbstkraft gerade zu beziehen haben: als ob sichs lediglich um *uns* handele.

[1] Vollständiger: »In der Welt habt ihr Angst, aber . . . ich habe die Welt überwunden« (Joh. 16, 33).

Zur Wirklichkeit wird uns unsere seelische Drangabe nur in der Berührung mit der außengegebenen Tatsachenerfahrung. Und um deswillen erhebt sich uns leise, aber unüberhörbar die Frage: ist im *Menschenkind* nicht eben dasjenige, was *scheitern* darf, [das], was keiner Rettung *bedarf*, weil unsere stärkste Existenz, unser eigentlichster Vollzug, erst in diesem Geheimnis vollzogen ist? –

Früher, wenn Spätherbst hereinbrach, gehörte es für mich zu den wirkungsvollsten Eindrücken, wie mit Schwinden der Laubmassen das Lichtwerdende hereinbrechen mußte: trotz der verdunkelnden Jahreszeit, trotz des Abschieds vom bergenden, heimatschaffenden Laub, ereignete sich überwältigend Freiheit und Helle. Wo es manchmal in Begleitung von Sturmwind geschah, der über Nacht fortriß, was sich noch von Blättern an die Zweige geklammert, da ereignete sich's nicht nur märchengleich, sondern wie eine Verkündung an die Welt.

Diesmal kam es nicht so: nach den noch fast linden Novemberwochen und zögernden Nachtfrösten wurde das weite Gelände vor dem Garten, das sonst dessen Baumschlag verdeckte, den Augen allmählich preisgegeben. Im Sommer hatte sich bisher der Blick in wogende Kornfelder verfangen, so daß man gar nicht mehr einer Stadt gedachte, über der das Gelände läge. Zwar war es schon länger nicht ganz so geblieben: Parzellierungen nach dem Weltkriege änderten den großen Ausblick, durch Einzelfelder mit Hüttchen drauf, von der Ferne her winkte ein ganzes Stadtviertel, – aber noch verschluckte die Landschaft um den langen Garten das fast, sie leugnete es beinahe durch die Art, wie sie dem Himmel darüber und den Höhen jenseits das Wort ließ.

Jetzt werden gegen 80 Häuser und etwelche Straßen dazwischen bis gegen die Gartenhecke (die ja doch nicht hochwachsen darf) in großer Eile herangebaut, und all das herbstschöne Hellwerden entblößt diese Wandlung mehr und mehr, und nur die gastliche Hundeseele unseres Hacó[1] billigt restlos, daß die ihm vertrauten Felder anstatt der kitzelnden Ähren leibhaftige Leute und Köter hervorbringen.

Wüßte man, was im voraus nicht sicher zu erraten ist, daß dies eilige Weiterbauen just auf unserm abgelegenen Gelände sich erfolgreich und von wichtigem Nutzen erweisen wird, dann würde wohl in uns allen viel dafür sprechen; um so mehr, als die 32 Jahre, seit wir hier sind, unerwartet lang die herrliche Einsamkeit um uns unberührt gelassen haben. Aber wie man nun mal ist, spricht auch das andre mit, dem am Eigenen liegt und an dessen umhüteter und dabei frei ausschauender Lage, als ginge sonst etwas von einem selber auch damit verloren. Man soll es nicht allzu schelten, denn ohne dies selbstsüchtige Stück käme niemand mit seiner Durchsetzung recht im Leben zustande, und wo es ungefähr total fehlt, da ist damit oft nicht so sehr vermehrte Kraft selbstloser Hingebung der Grund davon, als nur eine vermehrte Abschwächung temperamentvollerer Triebkraft überhaupt. –

Mich, in meiner Verbundenheit mit den Meinen in Rußland, stimmte es oft nachdenklich, wenn ich von der kolossalen Zusammenpressung der Leute im *Sowjet* erfuhr (mitunter zu Sieben, verschiedenen Geschlechts, in 1 Raum). Sogar für die russische Willigkeit fester Nerven wurde es zuviel. Natürlich: wo jemand tatsächlich vermöchte, sich dabei dauernd seine innerste Sicherheit, Unzerstörbarkeit zu wah-

1 Nasch, deutsch »Unser«.

ren, da mußte man einen solchen für einen fast vollkommenen Menschen halten. Aber faktisch äußert sich ja bei kleinen wie bei großen Anlässen in uns allen der Triebkampf zwischen dem Eigenen und dem, worein wir in Hingebung selber wurzeln – und beides beharrt in seiner Gegensätzlichkeit, obwohl jegliche Seele ihrer selbst doch nur bewußt wird aus dem Zusammenhang mit Allem.

Dies ist so sehr der Fall, daß man sich ein Einzelwesen von endloser Dauer kaum vorstellig machen könnte. Aber diese unsere kurze eigene Bewußtseinsstrecke empfängt wiederum durch ihre Reibung an ihrer Doppelrichtung allein ihre ungeheure Intensität. Sie *wird* dem Bewußtsein gleichsam dadurch endlos; nicht nur gegenüber einer Eintagsfliege, sondern auch jahrhundertalten Karauschen oder Papageien. Und in dieser Intensität steckt auch erst unsere Bejahung des Daseins: nicht etwa in den mehr oder minder angenehmen oder argen Umständen darin – sondern *trotz* alledem. Nur, weil Bewußtsein, weil unser Denkakt einer des Unterscheidens ist, auf stets schärfere und sauberere Unterschiedlichkeit geht, vermögen ja auch wir nicht umhin, uns als Unterschiedene, Einzelne für sich zu fassen und unser Ergehen daran zu messen. Was uns in Lust und Leid umflutet, ist jedoch bereits von uns empfangen mit einem »Ja« aus grenzenlosern Gewalten, als menschlicher Stimmton sie verlautbaren könnte. Unser Tun oder Mühen oder Bedeuten darein einbegriffen, ist davon gleichzeitig schon am Unermeßlichen sich enthoben.

Wie auch meinen geliebten Vögeln im Garten ihr Nest immer wieder zu ihrem Abflugsort wird – –

Unser menschliches Bewußtwerden – die Unterscheidung unserer vom Sonstigen und dessen Unterschiedlichkeiten in sich selbst – mußte uns in unlösbare Problematik bringen zu dem, was alles Bewußtseinslose noch als ungebrochene Einheit ausmacht.

Imgrunde stellen sich sämtliche Weltanschauungen von Anspruch und Rang als ebensoviele Versuche heraus, dies Unlösbare lösen zu wollen. Sie erhalten dadurch den höchsten Akzent für uns, dem wir uns unterwerfen: vom einfachsten Menschenverstand bis zu den tiefsinnigsten Geistern. Denn unsere Lebensfähigkeit bedarf dieser Mithilfe, um das problematische Menschendasein leisten zu können d. h., es sich mit der gewonnenen Denkfähigkeit ins Erträgliche korrigiert vorzustellen.

Wo nun aber in einem Menschen das Erkennerische zu völliger Bedeutung kommt, da übersteigt es diese zweckhafte Tendenz: hat das Menschentum uns nun mal auf die Erkenntnislinie gestellt, so muß sie auch zu Ende gegangen werden; denn komme dabei heraus was wolle, so gelangt doch dadurch erst »Erkenntnis« überhaupt zurande. So meint auch nicht nur der seltene »geborene Denker« es faktisch, so ahnen wir es alle insgeheim, wir dem Bewußtsein Verschriebene, wenn wir auch in irgend einem der vielen Unterwegs-dahin stecken bleiben.

Allerdings wird mit dem Ausschluß von allem

Zweckhaften aus der Denktendenz, von jedem erhofften oder erwünschten Ziel, der denkbar schwerste Verzicht auf sich genommen. Denn einstweilen, weit entfernt, der Problematik zu entreißen, steigert es unsere Entzweiung zwischen Daseinsfülle und den Denkakten: alles wird Weg ohne Ende, nichts zurechtgemachte Daseinsgegenwart; all die Obdache fehlen, die weltanschaulich gebaut werden und zum Eintreten laden. Zwar nicht nur laden, sondern auch zu Forderungen und Aufgaben erziehen, in ihrem Besitz fester Maßstäbe und Voraussetzungen. Wer daran dennoch vorbei zu gehen wagt, erschwert sich das Leben in verhängnisvollster Weise.

Aber niemand wagt mehr als er kann. In dem *Muß*, das ihn treibt, ist über dem Wagnis der Stern: daß die begehrte Lösung nur nicht erreicht wurde, weil sie aufgegeben wurde. Er selbst ist deren Gewähr und Gewißheit: einfach weil in ihm stärker als in den Übrigen dasjenige im Untergrunde des Wesens lebt, worauf auch dies Problem allen Menschentums sich gründet. Mag er noch so wenig bewußt davon haben − so wie der droben mitgehende Stern kein erreichbares Wegeziel sein kann −, mag er mitten in den Schwierigkeiten vorwärts streben, die ihn mit allem um ihn eher entzweien anstatt ihn Einigungen zuzuführen: dennoch und dennoch sind es ein paar wenige, ihm gleiche Menschenkinder, um derentwillen die Problematik nicht unser Letztes bleibt.

Jemand von solcher Artung darf stolz auf die Erschwerungen sein, die er nicht abschütteln kann, − er wäre minder ohne sie.

Hie und da erscheint sein Dasein zwar fast bequemer als das Anderer: von weniger eingreifenden choc's behelligt, weil alles, was passiert, an seiner innern Seelenverfassung eine Grenze gezogen findet; aber innerhalb seiner innern Schwierigkeiten ist die Stelle der ihm zugehörigen choc's, und da reißt sie im geruhigsten Weiterleben die unberechenbarsten Kämpfe auf. Nach außen dadurch unbeeinflußter anzusehen, erscheint er maskuliner, geschlossener, auf sich allein beruhend; obwohl seine unablässige Denkarbeit, Geistesbeschäftigung ihn bei hundert praktischen Anlässen eher als eine inaktive Natur vermuten ließe, macht dies unabhängig Maskuline den entscheidenden Eindruck. Die verschiedensten Anreize können stark auf ihn wirken und sogar in besonders sorgloser Aufeinanderfolge oder in krassen Gegensätzen, weil so unvoreingenommen, frei nachgebend, bejaht, doch mehr als gleitende Sensationen: und sogar kann ihm der stärkste Reiz dadurch beschert sein, daß sie aneinander abgleiten – sozusagen das Moment des Abrutschens von einem Gegensatz zum andern vermehrte Schmerzlichkeit oder Süßigkeit der Sensation ermöglicht (übrigens ein fast witziger Umstand, indem wenigstens solches Doppelmoment nicht umhin kann, eine Einheit zwischen Beidem herzustellen).

Deshalb meint man leicht, daß trotz der sorglosen Selbstherrlichkeit ein solcher dauernd unverbrauchter bleibt, unausgegebener als andere, die nach festgesteckten Richtmaßen ihr Erleben formen: selbst wo sie praktisch oder moralisch erfahrener, gewitzter erscheinen als er, ist er von unwillkürlicherer Treuherzigkeit durch den Nichtaufbrauch seiner denkerischen Beschäftigung mit dergleichen.

Nun aber die Kehrseite: ein Solcher steht unausweichbar deplaziert unter den Übrigen: sie sind un-genügend seinesgleichen. Eine tatsächliche Unsicherheit der Lage ergibt sich fast notwendig daraus. Was ihn so »unverbraucht« erscheinen läßt, ist ja eine Art innerer Schamhaftigkeit, welche über das unstimmige zu den Andern nicht aufklären kann, auch wo er ihnen sich gern gesellt hätte; es ist, wie wenn man auf offener Straße auf die Frage: wer man sei, nicht antworten könnte: »Ich bin *Philosoph, der wahre Mensch*, der auch in Ihnen das ist, was Sie im tiefsten Menschheitsgrunde allein ersehnen zu sein.«

Aber das Arge derartig veranlaßter Unsicherheit zwischen Andern ist nichts gegen die in ihm selbst drohende. Denn das, was ihn ganz und gar ausmacht, ist wie ein Unvorhandenes, wie bloße Behauptung, an deren Wahrheit jede Ermüdung, unproduktive Verfassung rütteln kann. Dann steht in einem solchem Augenblick nicht nur in Frage, ob er von sich Unwahres behaupte, sondern ob überhaupt dergleichen sei. Er kann ja nicht wie ein ermüdeter Mathematiker der Mathematik sicher sein, auch wenn er ihr nicht gewachsen wäre: ihm entfällt damit nicht nur seiner Existenz Sinn.

Um sich diesen Hauptpunkt zu vergegenwärtigen, muß man's schon Analogem vergleichen: z. B. was einem Künstler geschähe, dem seine innere

Konzeption endgültig hoffnungslos abstürbe: nicht nur er wäre damit vernichtet, sondern die *Quelle*, daraus sein Sein floß. Einer, der die Hölle zu befürchten hätte, wäre immer noch besser dran, denn noch immer bewiese ja gerade der Himmel sich an der Hölle. Menschen von der Art geborener Denker und Dichter erfahren etwas, das deshalb von allem Argen noch unterschieden werden kann als *Verzweiflung*. Etwas, dem auch nicht mehr durch Hilfen wie *Reue*, abbüßende Bestrafung, Ausblick auf *Erlösung* beizukommen wäre. Vielleicht unterscheiden Menschen sich durch nichts so tief von einander als hierdurch: ob sie *dieser* Verzweiflung fähig sind oder nicht.

Ein Solcher, wiederum unter die Andern gestellt, fühlt sich nicht einmal mehr beschwert, als Andersgerichteter deplaziert zwischen ihnen zu bleiben, sondern wie vor einer Entlarvung als ein gar nicht Vorhandener.

Nichts läge näher, als die geschilderten Daseinserschwerungen – Zeichen wertvollster, sozusagen gesteigerter Normalität menschlicher Möglichkeiten – mit Anormalen zu verwechseln. Überdies verführt dazu noch ein besonderer Grund: nämlich der, daß in der Frühzeit unser aller, im Infantilbeginn, den Anlagen nach, das in die Realexistenz hineingeborene Kind erst allmählich zu »vernünftig« wird, um sich nicht dem anzugleichen, was wir als Erwachsene sind. Auch wenn der »geborene« Denker oder Dichter in ihm stecken sollte, so würde das doch unser aller Verhalten noch gleichen, die wir alle noch in einem Allbesitz, einer Allzugehörigkeit ruhen, aus der wir erst langsam zu des Daseins Forderungen oder Enttäuschungen aufwachen. Und bis in solche Wurzelzeit unseres Beginns muß auch in den Fällen von Anormalität nachgegangen werden, von seelischen Erkrankungen, deren Ernst und Gefahr schon in der Ansatzstelle steckt, während später »erworbene« weit leichter der Heilbarkeit zugeführt werden können. Seelische Erkrankung ist von vorn herein eine Verwirrung zwischen der einbrechenden weckenden Realität und dem, was weiter träumen möchte: und damit von voller Gegensätzlichkeit zu den erwähnten »schöpferischen Geistern« – obwohl diese in vermehrten Zwist mit so vielem geraten, was die normale Menschenmehrzahl vernünftiger beseitigt. Man möchte sagen: in ihnen ist Traum wie Wachen – beides – gesteigert, dadurch zwistiger, aber in seinem Recht und Rang bewahrt, nicht verwirrt, sondern in einer Art hoher Ordnung –: sowohl bleibt der menschliche Urtraum unvergessener als auch die Klarheit und Schärfe des Bewußtseins trotzdem unzurückgehaltener. Diese für das Subjekt mühevolle Ordnung ohne abschwächende Konzession entbehrt aller sonst üblichen Verharmlosungen und wird nur erträglich durch zutiefst liegende Einheit von beidem, von der die üblichen oberflächlichern Anpassungen nichts ahnen lassen.

Aber auch hier, genau wie es in Erkrankungen geschieht, liegt die Ansatzstelle bereits im primitiven Verhalten, schon innerhalb des unwillkürlichen Trieblebens, dem noch rein am Physiologischen entlang uns begreiflichen: also etwa wie schon in der Kreatur körperliches Geschehen und innere Erregung zuerst als eins von uns begriffen wird. Im Menschen jedoch teilt beides sich – und nicht erst spät im Streit von »Leib und Geist«, – es enthält etwas Streitbares in sich; das Bewußtsein stößt sich an der Leibesgrenze, denn das Leibliche und das Geistige lassen sich nicht ineinander aufheben und doch nicht ihre Verbundenheit lösen. Mit dem Leben des Voll-Erwachsenen nimmt das noch zu, ungeachtet der menschlich-normalsten Entwicklung. Je wichtiger das ist, wovon jemand ergriffen ist, woraus er seelisch lebt, desto sicherer muß es sich in ihm auch bis unter die Leibesgrenze aufzeigen lassen. Das ist die (so oft mißverstandene) Bedeutung des Sexualverhaltens, und dessen Streitbarkeit ist nicht erst die Folge von Kulturansichten oder -vorurteilen. Im geistgerichteten Menschen kommt es nicht selten vor, daß sie sogar – ungeachtet normal und kräftig beglaubigter Sexualreife – zu einem Zweifel an ihrer Potenz gelangen: nur weil ein heimlicher Wunsch mitredet, der diesen Zweifel *braucht*; einfach ein halb unwissentliches: »*Weg mit alledem!*«

Und in solchen Menschen, auch wenn sie solchen heimlichen Wünschen gar nicht folgen, wenn sie dennoch unbefangen ihrem Triebleben jede Freiheit geben und diese genießen, wird man meistens finden, daß nicht darin das für sie Ausschlaggebende liegt. Man meint hie und da in ihnen einem waschechten Erotiker gegenüberzustehn, vermerkt an ihm bisweilen besondere Feinheit der Sinne und Sinneswerkzeuge und Betonung der Maskulinität seines Wesens, und doch täuscht er kaum sich selber mit seinem eigenen Verlangen: es ist dahinter nur die Feinzunge, die Kenntnis hinsichtlich Delikatessen, nach denen ein mangelnder Hunger aus ist, um zu Appetit zu gelangen.

Überdies hat man mit einzurechnen, daß eine dauernde und völlige seelische Drangabe fast nie umhin kann, eine andere Drangabe zu berauben oder um ihren Sinn zu bringen. Am banal bekanntesten ist das Beispiel beim Künstler, wenn er zwischen Liebeswerbung und seinem Werkschaffen steht; da handelt es sich um Verbrauch der zentralen Sinnenwärme in ihm, deren Entzug sein Werk nicht verträgt. Ebenso der entgegengesetzte Fall von Gedanken-, von Denkwerk, das mit Entsinnlichung seines Ausdrucks zu tun hat: es muß unabgezogen der Ausschließlichkeit dieser menschlichen Identifikation leben.

Nur bewußtseinslose Lebewesen identifizieren sich straflos mit allem, was sie wollen, da sie noch nirgends total vom Totalen abgehoben sind. Für unsere Identifizierung, d. h. unsere Liebe, *wird* durch den Denkakt selber das Geliebte als ein Anderes als wir, als ein Gegenüber zu uns, geschaut: eben deshalb unser Trieb, es über alle Einzelwesen zu erheben, mit Glanz zu überschütten, *als sei es* damit totalisiert; es vermag nur als solcher *Rivale* zu konkurrieren mit dem uns überpersonal Wichtigsten, Wesentlichen. Ist dies doch die unabänderliche Tragik aller Gefühlsbeziehungen menschlicher d. h. also bewußtseinsgezwungener Wesen (infolge derer zwei Personen nicht eine werden können, sondern liebend die andere sich gerade überbetont). Der Mensch, dessen Inbrunst noch tiefer als in die partnerische Aufteilung griffe, sie einheitlich untergriffe, verfiele der erwähnten Tragik minder, würde aber als unberechtigter Egotist mißverstanden.

Anscheinend mit Recht, insofern alles, was Mensch heißt, darauf angewiesen ist, sich das Dasein oberhalb von uns umdrohenden Untiefen[1] zu ermöglichen und einzurichten. Wir auf Abgründe Gesetzte, die sich mit Bepflanzung und Bebauung ein paar Schritte tief die Ränder ansiedlungsfähig machen müssen, mißverstehen Einen, der sich statt dessen gerade der Abgründigkeiten am schärfsten bewußt bleibt. Scheint er damit doch das einigermaßen Erreichte von neuem aufklaffen zu lassen, – und nur manchmal uns ahnen zu lassen, daß er das aus unendlicher Gewißheit und Kenntnis tut, um die Einheitlichkeit des abgründig Getrenntesten auf Einem Boden [sichtbar zu machen].

Hinter der Anerkennung seiner Geistesleistungen erscheint er dennoch als Sonderling gegenüber denjenigen, die ihre geistigen Vermögen als die erforderlichen Hilfsmittel betrachten zur Aufbesserung der gegebenen Daseinslage, – er erscheint wie isoliert durch sein Übergewicht, wie ein Supermaskulinum überheblicher Art. Aber er vertritt ja nicht nur sein Geschlecht; es müssen sich dazu in ihm Eigenschaften beider Geschlechter sozusagen die Waage halten: nämlich eine Hingegebenheit sondergleichen, die sein Selbst überquellen macht in das Ganze, das er erschaut. Allerdings muß es dazu

1 Gemeint sind tiefe Klüfte.

geballt und zusammengefaßt in ihm dunkel ruhen bleiben, daher unzerteilt durch Forderungen nach außen hin, nach denen man eine Gegenwart mißt. Es ruht gleich einer dunkeln Mondhälfte vor uns, durch deren abgekehrte Lage erst sichtbar wird, was unsern Augen so blendend hell erstrahlt.

Der *Selbstwiderspruch Mensch* besteht in unserer Befähigung, denkend vom Tatsächlichen abstrahieren zu können, während wir, diese Abstraktionskünstler, selber ein tatsächliches Stück davon verbleiben. In unserm Kopf ereignet sich damit eine Übersubjektivität, die das eigene Subjekt sozusagen gar nicht mitmacht. Wenn wir richtig zu vermerken pflegen, wir seien nicht nur eines »Mehr« teilhaftig als das Tier, sondern eo ipso etwas anderes als es, so stimmt das nur insofern, als wir damit zugleich auch aus der unverbrüchlichen Einheit alles Tatsächlichen hinausgeraten sind: und damit ein »Minder« auf uns nehmen mußten, das nach seinem Ausgleich – sowohl überzeugt wie umsonst! – in diesem Zwiste strebt.

Sich auch dieses *Minder* bewußt zu bleiben, kennzeichnet vielleicht am nachdrücklichsten den Menschen der *Erkenntnis* vor irgend sonstigen Auchdenkern. Denn erst das schützt ihn vor der menschlichen Überheblichkeit, nicht nur Herr über eine Welt von Tatsächlichkeit geworden zu sein durch die Abstraktionskraft der Logik, sondern dadurch auch in einer Unterworfenheit dazu zu stehn, die dem überheblich gewordenen Subjekt seine eigene Betonung streitig macht. Der Weg des Menschenkindes aus diesem Selbstwiderspruch heraus ist eine

Art unvermeidlicher Opferung: die Macht der *Erkenntnis* in uns, die Überlegenheit unserer Denkakte als etwas aufzufassen, das uns gleichzeitig unseres Einzelsubjekts enthebt.

Dann würde in unserm persönlichen Wesensschema ergiebigerer Raum geschaffen für etwas Wesensähnliches zur Sachlichkeit unserer Logik, zu deren großartigen Erfolgen im Praktischen, wo sie sich gegen bloße affektive Behinderung durchsetzt. Mag uns auch die praktisch gegebene Bewältigung der Welt mit noch so viel Recht obenan stehen – beglückt uns nicht die Geistestat derer, die wir die *schöpferischen Geister* zu nennen pflegen, so urtümlich, als erledige sich erst in ihr das Eigentliche; selbst wo wir ihr nur rezeptiv zu folgen vermögen? Als sei alles Übrige auch nur eine Art *Vorläufigkeit* dazu: nicht im Zeitsinn eines Draufzugehens, sondern einer Erinnerung an das im Leben Zentralste, an unser Zentrum in uns selber?

Ist es ja doch eben dies in toto andere als beim Tier, daß es, gleichsam nie ganz bewußt und Subjekt geworden, ein wenig unabgehoben, objektiv belassen, der Tat des Menschentums nicht fähig ist, sein Subjekt auch wieder los zu werden – in der Totalität des »Objektiven« aufzugehen, wie nun erst wahrhaft zu sich selbst gekommen?

Hie und da erfährt man, wie von einer menschlichen Offenbarung, mitten aus unsern psychischen Zuständlichkeiten heraus, etwas davon: z. B. wenn wir die stärksten Eindrücke auf uns wie außerhalb des bloß Personellen empfangen, oder wenn großes Glück nur eine kurze Strecke erlebbar bleibt, ohne uns Tränen ins Auge zu treiben, wie ein Schmerz es tut, – als ließe sich das Eigentlichste daran nicht personenhaft erschöpfen. Denn unser Ego vermag sich nur so hochzusteigern und hochzuspitzen durch sein Eingehen in die Totalität, die ja sein Urgrund blieb und ihm gemeinsam blieb mit allem was ist. Dann ist, was in uns Geistestat, Erkenntnistat wird, auch wieder Heimkehr zu allem – das Subjektive in uns kindhafte Hingebung, in einem neuen Sinn *naiv* empfunden: weil, was uns am vollsten betont, uns auch damit unserer selbst enthebt.

In solchen Momenten löst sich der Zwist des Menschentums. Ist ihm doch auch erst von hier aus die Aktionskraft zur realen Daseinsbewältigung bewahrt und verbürgt. Allerdings lehren uns ja auch die sämtlichen vielen Weltanschauungen, Religionen etc., daß wir unsere »menschlichen Schwächen«, und sei es durch Askese oder Unterdrückung, zu läutern hatten, um uns über uns selbst zu erheben, – aber alle vorschriftsmäßigen Maßstäbe dazu entfallen vor der innersten Sanktionierung, darin unausweichlich das Menschentum ruht (– und die es an solchen Vorschriften nur mühsam zu erinnern strebt).

Der Mensch schreitet auf das ihn Überwältigende zu, als hieße nur dies: zu sich selber. Und entfiele ihm sogar die Fähigkeit, sich an Beglaubigungen auszudenken, an Zusicherungen, was seinem Leben zu Andacht und Vertrauen werden könnte – dennoch vollzöge sich in ihm das natürlichste aller Wunder: daß das, was ihn am totalsten angeht, ein ihn selber *Überwölbendes* sei.

1936

(Nach grün und blau gab es kein Heft mehr
außer ein rotes:
so sei mir dies hier mein *Jubelbaum*heft.*)

Sinne ich an Frühestes von Kindheitsereignissen zurück, so sehe ich mich fast unwillkürlich, wie ich nachts vor dem Einschlafen dem Lieben-Gott Geschichten erzähle.[1] Weiß ich auch nicht mehr vom kindischen Inhalt solcher Geschichten, so könnte ich doch von dem Umstand selbst – oder von dem, wovon er für mich umschwebt war – noch gar viel erzählen. War *ich* es auch, die mir darin zu Gehör brachte, was mir tagsüber in Haus oder Straße aufgefallen war, so lag das Ereignishafte davon doch im erstaunlichen Umstand, daß ich dabei die *Empfangende* wurde. Denn der Liebegott wußte ja jedwedes von vorn herein, – weshalb ich auch hinzuzufügen pflegte: *wie du weißt!* Aber das geschah weniger deshalb, um mich meines Nichtflunkerns vor ihm zu versichern, als um des ungeheuren staunenden Vertrauens halber, mich in diese seine Allwissenheit bergen zu dürfen. Etwas wie Weihnachten oder Ostern (in Rußland am festlichsten) oder von Festlichkeit überhaupt gelangte irgendwie dadurch mit herein: ich empfing das erzählte Bißchen dadurch gleichsam zurück *wie neu*, – aus dem bereits Erzählten, Geschauten ins Erwartungsvolle gehoben.

Diese Zuversicht verschuldete zwar ein arges Kunterbunt in meinen Berichten an den Liebengott: z. B. wenn ich mal den, mal jenen, dem ich begegnet, für die verschiedenen Lebensalter ein und derselben meiner ersonnenen Personen unterschob:

1 Siehe »Lebensrückblick«, ›Das Erlebnis Gott‹.

mein bloßes Gedächtnis wäre an diesem zufälligen Handhaben und Benutzen allmählich wohl erlahmt ohne die Getrostheit hinsichtlich des Gottesgedächtnisses.

Meiner Kenntnis entzieht es sich, ob Kinder bei ähnlichen Anlässen sich Ähnliches einbilden mögen, – aber später im Leben ist mirs vorgekommen, wie wenn ein Erinnertwerden an dies Frühe mir manchmal geschähe: unvermutet, an Menschen, die längst keine Kinder mehr waren. Ein derartiges Beispiel wäre etwa folgendes: Anblick von Gesichtern nach Anhören von musikalisch oder dichterisch ergreifenden Kunstdarbietungen. Diese Gesichter erschienen dann verändert; sie hatten sich ganz passiv empfangend verhalten und äußerten sich darüber wie über eine sich vor ihnen öffnende Weihnachtstür, wie über eine Beschenkung, von der augenscheinlich nichts sich jemals unter all den Gegenständen ihres sonstigen Lebens hätte finden können.

Wenn ich späterer Eindrücke gedenke, aus den Erfahrungen derer, die wir »schaffende«, »schöpferische« Geister zu benennen pflegen, von denen wir ihrerseits dergleichen Werkwirkungen an uns selber verspüren, – dann ist mir nichts stärker aufgefallen, wie bis zu welchem Grade gerade sie sich als *Empfangende* wußten. Nichts unterschied sie stärker von bloßen Meistern ausgezeichnet gelungener, mit Geist und Können hergestellter – eben *gekonnter* aber nicht *empfangener* Werke. Nur von den echten Empfängern geht das auf uns aus, was nun auch uns weitergehend »empfangen« läßt; was vorher nicht

vorhanden, nicht dagewesen war und nirgends auf-
zufinden wäre. Mögen sie, als »Schaffende«, noch so
sehr unter Mühen oder Zweifeln gelitten haben,
ihre Inbrunst, die das künstlerische *Muß* über sie
verhängte, bleibt auch sogar bei Scheitern und Miß-
lingen unversehrter, als die selbstzufriedenste Einstellung und Erfolgssicherheit eines bloßen Beru-
hens auf dem eigenen Subjekt.

Nur Kinder, noch kleine Kinder – wie sie im
übrigen auch geartet sein mögen – empfangen noch
völlig, wie das Allernatürlichste von der Welt, daß,
was *sie* erzählt oder erfahren haben, ihnen zugleich
dermaßen überzeugend vorkommt wie ihnen von
irgend einem Liebengott Verbürgtes. –

Kindheit, oder noch früheste Menschheit, ist ja infolge ihrer ursprünglich geringen eigenen Abgehobenheit im noch unverringerten Besitz einer Weite
der Einstellung in alles; einer Art von noch – Selbst-
losigkeit, – inmitten der instinktiven Kraßheit ihres
bewußtwerdenden triebmäßigen Wesensegoismus.
In gleichem Grade, als das Bewußtseinsfähige sich
steigend schärft und alles dadurch in den Dienst des
Einzelwesens zu drängen weiß, schrumpft an der
unwillkürlich empfundenen Weite vieles mehr und
mehr zusammen: dafür, daß das Menschenkind an
seiner eigenen Enge zum *wissenden* Menschenkinde
wurde. Was als bloße Daseinsmacht es durchbraust
hat, formt sich zum stets bewußtern Lebenskampf
mit allem Umgebenden, wovon es sich begrenzt
fühlt. An diesen Grenzen erfährt der Mensch zu
seinen triebhaften Wunschgewalten die sich sieg-

reich emporringende Realitätskenntnis; damit gelangt erst der Zweifel an seinem Alleskönnen, Allessein zum Recht, der ihn nun nicht mehr verlassen wird. (Noch vor den religiösen Zeitaltern gab es, im Kultus der *Magie* etwa, den Menschenglauben an den *Schamanen*, der, dem Weltgeschehen noch unmittelbar einverleibt, weniger auf Erhörung seiner Wünsche angewiesen ist als selber die Geschehnisse zaubernd veranlaßt.)

Aber mit den siegenden Realitätserkenntnissen wächst auch der Versuch, mittels dieser wachsenden Bewußtseinskräfte sich nicht nur unbegrenzter zu behaupten, sondern sich *denkend* Korrekturen zu den unaufhebbaren Begrenzungen vorzustellen. Der Mensch, im Laufe der Zeiten so grandios zum Herrn der Erde werdend, fügte seinen erfolgreichen Erfindungen und Entdeckungen auch im Reiche seines Geistes ein Erfinden und Entdecken an, die uns über das am Realen Erfahrbare erheben und vertrösten. Allerdings schuf er lange – so lange, wie seine Phantasie seine Verstandeskräfte stark überwog – auch überwiegend alles Grausige, Ungeheuerliche an Glauben aller Art, aber allmählich herrschte auch dort verständigere Ordnung vor und ins menschlich Wunschhafte korrigierte Mutmaßung.

So mußten zweierlei Welten gegeneinander entstehen, neben der real erfahrenen eine hinzugedachte: ob in primitiver oder tiefsinnigster Weise ausgebaut, – in jedem Fall ermöglicht mit Hilfe der gleichen Erkenntnismittel, aber zu gegensätzlichsten Zielzwecken, die sich gegenseitig den Weg vertraten. Denn diese zweite Welt konnte nicht umhin, ihre Farben und Formen dem Realen zu entlehnen, um ihre Vorstellungen damit zu ernähren: ja wenn sie – spät und vorsichtig – allzu geistverklärt von solcher Drastik zu sehr absah, mußte man befürchten, daß ihr Inhalt für das Menschenohr zu einem gefährlichen Hohlklingen käme. Jeder Mensch ungefähr sieht sich auf den Boden einer solchen zweiten Welt gestellt, sei es gleich mit beiden Füßen oder mit einem, oder mindestens zeitweilig mit tastendem Zeh, Stützpunkt darauf suchend. Sogar wird es noch dauernd vorkommen können, daß jemand, der gar zu radikal und prinzipiell von solchem Doppelboden abspringt, einer Art von Unsittlichkeit geziehen würde. Und zwar beinahe absichtslos empört: denn wirklich hieße es erblinden wollen vor Mächtigstem des Menschengeistes, übersähe man es wie ein gar nicht Vorhandenes – nur Abzuleugnendes.

Denn obgleich wir oft und gern von des Lebens Vergänglichkeit sprechen und daß sie all und jeglichem anhafte, – obgleich wir gerade des Lebens Reiz daran empfinden, daß nichts sich festhalten läßt in dem Zeitablauf und dadurch seine vermehrte Intensität für uns bezieht, – steckt in uns dennoch tief – sehr tief – etwas, das sich stillschweigend davon ausnimmt: sich davon ausgenommen *fühlt*. Ein Sträuben sitzt dort gegen die ungeheure Neutralität, worin alles und jedes, ein Krümel im Sonstigen, nur hinzuschwinden hat, – wie ein Faustschlag mitten ins Gesicht des Verstandes und der Real-Einsichten, die uns das plausibel zu machen hatten. Denn wir erlernen ja erst, daß wir nicht, wie das kleine Kind, eins mit dem Ganzen sind, sondern Einzelteilchen, – wir lernen erst, uns dieser mit uns selber mitgegebenen Totalität entschlagen. Die gesamte erwähnte zweite Welt steigt in unsere Gedanken ja nur wie ein Versuch, dergleichen wiederherzustellen: sämtliche ihrer Weltanschauungen, ob Religionen, Metaphysiken, Mystiken oder Ethiken entsteigen dem alleine.

Ihnen total entsagt haben heißt nichts weniger als: einen unabänderlichen Tatbestand mit Fassung und Resignation zu ertragen. –

Hinzu kommt ein Umstand, der uns unsere rückhaltlose Ergebung in die strenge Sachlichkeit unserer Realitätseinstellung merkwürdig erschwert. Nämlich dies, daß wir – unter allen Lebewesen einzig wir selber – es sind, die da ihre sachliche Kritik ausüben, ihre nicht widerlegbaren Feststellungen unbeeinflußt von subjektiven Wünschen oder Befürchtungen machen. Dies, daß allein der menschliche Hirnkasten, jedes durchschnittlichen Einzelnen, sich dieser Denkwürde rühmen darf, die außer ihm die Welt nicht enthält: so erstaunlich es klingen mag, dieser Umstand findet seelisch einen tiefern Widerhall in uns als sogar der Unterschied, ob jemand den ausschweifendsten Wunschkorrekturen der Realität zum Anbeter oder Leugner würde. Als schiene das immerhin noch Geringeres zu bedeuten als dies menschliche Hinausgehalten-, Herausgehobensein aus allem; ja, je unvoreingenommener real-sachlich man denkt, um desto un-

willkürlicher scheint dieser Punkt sich zu unter-
streichen, wie wenn er noch eine Art von Zuflucht
böte: wie wenn unsere Unterworfenheit mit allem
unter alles was negiert und nivelliert, doch ein klein
Bißchen anders zu verstehen sei für uns, die wir mit
all dem von uns erkannten Geschehen, infolge solcher Erkenntnis, so seltsam überlegen auf *Du* und
Du gestellt sind.

Und doch beschreitet der Mensch, dies Bewußt-
seinswesen, gerade als solches, gerade denkend, die
ganz entgegengesetzte Wegrichtung: hinweg von
diesem unwillkürlichen Protzentum. Denn im gleichen Moment gibt er gleichsam seine subjektive
Einzelbedeutung auf – aber das scheint uns Menschen zu untunlich schwer: Subjekt geworden zu
sein, zu dessen Bewußtwerden erwacht, und gerade
im selben Maße sich loslassen, *als* wir's geworden
sind und es wissen: Bewußtseinsspiegel geworden
sein und dadurch über uns selber hinwegplaziert.
Damit verknotet beides sich unzerreißbar widerspruchsvoll; als drehe etwas in uns sich unaufhaltsam um seine eigene Achse –.

Ist es doch, als ginge es damit zurück in die
ursprüngliche Unabgehobenheit ganz oder fast bewußtloser Wesen, – als ob im Innewerden des eigenen Subjekts imgrunde nichts sei als ein Übergang
von jener Unabgehobenheit in eine neue. Man stelle
sich's an einem, wie durch Wunder unerhört überlegen gewordenen Tiergeschöpf vor: trotz Wissen
und Begreifen wäre es damit kein Mensch, – das
wäre es nur mit dem entscheidenden Punkt, daß es
nicht nur mit seiner praktischen Selbstbehauptung

und deren Bedienung identisch ist. Daß die vermehrte Bewußtseins-Intensität auf das Weltobjekt überschlägt – gleichzeitig ihm hingegeben und dadurch es bewältigend. Denn mit dem Menschen, der in's gleiche Wurzeltum mit allem Übrigen unaufhebbar eingesenkt ist, fängt erst damit sein Spezielles an, – sein Schöpfer-sein an bislang Unvorhandenem. Ihm wird, zum erstenmal aus Unsichtbarem, mehr und mehr ein Antlitz, geschaut als etwas, das seinerseits auch ihn anschaut – wie ein Erinnern ihrer unvergessenen Urgemeinschaft, aus der das menschliche Bewußtgewordensein sie ja nur scheinbar vertrieb. Denn steht mit der Intensität der geistigen Drangabe auch mehr und mehr, und in stets ungeheurerer Zerteilung, Aufgliederung, jegliches um ihn, so ist doch alle Menschenaktion nur diese durchbrechende, ausbrechende *Einung*, Wiedereinung damit, – wie wenn alles »um deßwillen« oder »insofern« allein »wirklich« sei. Wirklichkeit für uns Menschen, – weder schon in bewußtloser Verschmolzenheit, noch in der uns gegenübergestellten, fremd und stückhaft aufgeteilten »Realität«, sondern in jener unaufteilbaren Ganzheit, die sich erst am Abstand zwischen beidem *erlebt*. Erst an der Reibung dieses Widerspruchs kommt es zum »eigentlichen« Menschenerlebnis, worin auch noch Fremdestes sich zum Eigenen wandelt und auch das Eigenste noch am Entgegenstehenden sich verwandelt fühlt.

Wollte man von der Intensität solchen Erlebnisses, das nur Menschen erfahren, etwas aus den Gedankendokumenten aller Zeiten ablesen, so schlage man dazu die Werke, die Äußerungen der Philosophen auf, die ab Urbeginn bis heute in rastlosem Drange sich drum mühten wie um des Lebens Inbegriff selber. Rastlos und umsonst, im unhemmbaren Wechsel ihrer Meinungen, weil sie ja von der Kehrseite des Erlebten auszugehen haben: von der Aktion des Bewußtwerdens daran, die es immer schärfer unterscheidend aufteilt. Wie wir ja lebenslang und bei allem dazu genötigt bleiben, – nicht etwa nur »philosophierende« Leute am Schreibtisch oder extra Verkünder schwieriger Wahrheiten. Nur in unserer Kindheit herrscht noch unbekümmertes Erleben ungebrochener Ganzheit vor, umkleidet Dinge wie Personen sorglos damit, um dann zwar desto konfliktreicher davon abzulassen, indessen die Entwicklung zur bewußten Aufteilung sich vollzieht. Alles Schönste und Schwerste des Kindheitsschicksals liegt in der Herrlichkeit dessen, was wir später fälschlich seine Täuschungen nennen und in den Enttäuschungen daran. In der Jugend überwiegt das Selbstbestimmungsrecht und die Unterscheidung und Betonung des eigenen Seins, – keine echte Jugend, die nicht darauf basierte: aber auch keine, die nicht auch den Unterton (ehemals »Weltschmerzlichkeit« benamst) kannte, worin nur nach dem Einen gerufen wird, das eine Hingegebenheit ohne Grenzen rechtfertigen würde, – gehe sie sogar bis zu Selbstvernichtung. Mit andern Worten: auch glücklichste Umstände, ersehnte Gelungenheiten, drücken noch nicht das zutiefst Gewählte, die *Wahl* des Jugendwesens aus.

Deshalb auch nicht in der Reife des Mannestums:

das letztlich Ausschlaggebende der Reife liegt nicht mehr im persönlich Erreichten. Mag in voller Tatkraft noch so viel zum Ziel geworden sein, mag noch so aufrichtig geschätzt Geltungslust die Oberhand gewonnen haben oder Liebeslust oder Erwerbslust oder was es sonst sein mag, – über all diesen Werten, wie man sie sich lebenslang vergleichend aufstellt, höher oder niederer taxiert, gilt hier einer, der gleichsam nicht mehr innerhalb subjektiv abzuschätzen ist, – kein Werten, sondern ein Tatbestand wirkt. Er ist nicht Folge sonderlicher Eigenschaften und Verdienste, er ist einfach ein Begebnis am Leben selbst: er ist die Reife als solche. Sie vollzieht sich an uns im Sinn einer Ganzheit, einer Totalität, an der auch unsere taxierende, scheidende, unterscheidende Bewußtheit sich erlebend berichtigt. Denn wem das Glück und das Leid widerfuhr, zu seiner selbst bewußtem Subjekt geworden zu sein, dem widerfährt auch noch mehr als das: nämlich dasjenige, worin sich, schaffend, der unheilvoll beirrende Abstand Subjekt – Objekt auch wieder *entschafft*.

Wollte ich mitteilen, wo, während eines langen Lebens, ich mich *denkend* am überzeugtesten heimisch gefühlt habe, wo ich mich am dankbarsten niederließ, so müßte ich damit zugleich dasjenige zu benennen versuchen, worin ich mich davon am fremdesten abhob.

Es handelt sich hierbei um *Freud's Psychoanalyse*. Zum Entscheidenden gehörte für mich die Tatsache, daß sie – in dieser Radikalität zum erstenmal – die Psychologie nicht nur der Schulpsychologie entriß, sondern auch den weltanschaulichen Interpretationen (philosophischen, religiösen, moralischen etc.). Sie stellte sich damit auf rein erkennerische Wissenschaftslinie ein, gleich biologischer oder philosophischer Fachwissenschaft, aber damit dem Menschensinn eine eigene Methodik der *Selbsterkenntnis* erschließend, – indem Erkennen sich hier auf *Bekennen* gründet. Das will besagen: der zur Betrachtung benötigte Abstand erwies sich zugleich abhängig von einem *Erlebnismoment* verinnerlichter Identität mit uns selbst. Daher gerade ist voraussetzungslose nüchterne Unbefangenheit der Einstellung so ausschlaggebend wichtig hierbei, – für uns späte, überaus bewußte und denkgespannte Geschöpfe wenigstens: infolge einer gut durchgeführten Psychoanalyse können wir in unerwartetester Weise an Naivität gewinnen, wie sie nur der menschheitlichen Jugend noch zu Gebote stand (anstatt unserer Ichbespiegelung, von der nichts so sicher heilt wie der Ernst der Psychoanalyse). Aber deshalb ist von außen her eine Kritik ihrer Methodik so leer und meist töricht, mag man sich zu ihrem Zweck noch so viel angelesen haben.

An dem Erkenntnismoment der Psychoanalyse erschloß sich das berühmte » U b w « Freud's, während »Unbewußtes« sonst entweder nicht wesentlich genommen oder metaphysisch vergeheimnist wurde, anstatt wie bei ihm einfach das Faktum alles uns nicht wissentlich Gebliebenen, doch dadurch nur um so heimlicher wirksam Gebliebenen zu beschreiben. Im *Bekenntnis* schließt sich wie ein ganz neuer Menschenbereich auf, was noch knapp bis an den Rand des Bewußtwerdens anschlagen kann und doch noch immer »wir« sind: die Annäherung an alles Nicht-nur-menschliche, die Bruderschaft aller Wesen.

An diese beiden psychoanalytischen Auffassungen mußte sich fast von selbst die dritte große reihen: Einsicht in die Heilmethodik, wie seelischen Erkrankungen beizukommen wäre: entstehen diese doch aus dem steten Kampf unseres Triebwerks mit dem, was es vernünftig beherrschen oder unterwerfen will.

Wollte man sich nun aber einmal – bloß theoretisch, wie an einer zukünftig erhofften Vollkommenheitskonstruktion – diesen Kampf als möglichst total gelungen vorstellen: den Menschen bereinigt von allem, was ihn durch seine Knoten und Verwicklungen krank machen könnte, – dann stockt mir diese Vorstellung auf eigentümliche Weise. Denn ich kann ihr nicht verwehren, an diesem Punkt einer mir gerade an Freuds Psychoanalyse aufgegangene Erkenntnis aus meiner Tätigkeit am seelisch Kranken inne zu werden. Nämlich daß wir außer der Hilfeleistung auch einen erneuten Respekt vor *dem* erlernen, aus dessen seelischem Reichtum doch auch seine Verknotungen und Mißratenheiten sich bildeten. Sagen wir's im Wortsinn des verbreiteten Sprüchleins: »das ist nicht das schlechteste Obst, woran die Wespen nagen«. Zwar ist dies Bild grundfalsch an dieser Stelle, denn psychoanalytisch werden so wenig wie durch sonst irgend was geschehene Wespenbisse ungeschehen gemacht, sondern das Heilverfahren gelingt durch eine andere Wirkung: durch den gegebenen Anlaß berührt seine Tiefbohrung Kerne, die manch einem nie zu Gebote und zu Gebrauch gestanden haben würden – ja ihm oft mehr Eigentum wurden als es manchem Normalen bei seinem rotbackigsten intakten Obst geschah. (Deshalb hie und da ein ähnlicher Anlaß bei *Lehranalysen*, die studienhalber so tief gehen.)

Die Genesung Erkrankter geschieht psychoanalytisch durch Auflockerung der Entstehungszusammenhänge, entlang an den innern und äußern Faktizitäten (und zwar nicht so sehr zum Verschwinden der Symptomatik als solcher, sondern auf das Ganze hin). Mit der Frage nach dem Entstandensein bleibt noch unbeantwortet, ob nicht nur entstand, was aus dem Ganzen heraus sich zu äußern drängte und sich dabei nur vergriff und verwickelte. Hierbei wäre Antwort nur möglich bei uns nicht rationell zugänglichen wissenschaftlichen

Festlegungen der menschlichen Grundstruktur; so haben wir beim Verschwinden der Erkrankungsursachen psychoanalytisch im Negativen zu bleiben; das Positive dazu ergibt sich aus dem Genesenen selbst als das neue (– auch uns, den Analytikern, oft erst neu belehrende factum seines gesunden Erlebens). Denn konsequenterweise steht hier unsere Methodik rein und streng zwischen den einzigen zwei ihr grenzgebenden Nachbarmethoden: den physiologisch-biologischen Fachwissenschaften, die bis in unser Material sich erstreckt, indem wir mit seinem Ansatz beim Noch-physischen es in die seelischen Erfahrungen weiterbegleiten; oder zweitens der metaphysischen Deutung. Freud stand hier von je und je in einer Reinheit und Strenge, die ihn, meiner festen Überzeugung nach, zum Schöpfer der *Psychoanalyse* werden lassen mußte, – eben konzessionsloser, als seine Vorgänger jemals waren. Eine Sache letztlich der Naturanlage?, die ihm als eine rein rationalistische bewußt ist.

Aber an dieser Stelle wäre sie doch noch anders aufzufassen: als imgrunde eine *Verzichtsleistung.* Freud ließ in sich nichts zu, was ihn aus der Reinheit und Strenge seiner Sache hätte in Verminderungen gleiten lassen können, um subjektiv vorgezogener Befriedigungen willen. So kann es kommen, daß man ihm entsprechend *denkt*, doch das Gedachte nicht ihm entsprechend *erlebt*. Daß man ihn innerlich sich abgrenzend von einem Erlebnisbezirk sieht, der doch durch seine eigene Helfekunst sich den Genesenen gerade erschließt. Wo ein Freud trotz solcher Verzichte das Leben so erträgt, so verzichtend eben darin seiner Sache das Höchste, Äußerste leistete, da wäre derartigen menschlichen Möglichkeiten nichts hinzuzufügen: nur zu schweigen und zu danken.

Man steht davor – stumm vor Ehrfurcht, – aber weint dabei.

Aus unserm letzten persönlichen Wiedersehn ist
mir nichts dermaßen stark-farbig vor Augen geblieben, wie die großen Beete voll Stiefmütterchen am
Tegeler Schlößchen, die, vom Sommer her zum
nächsten Jahr überpflanzt, dies geduldig blühend
abwarteten: mitten im weit vorgeschrittenen
Herbst und den sich entblätternden andern Blumen.
Man ruhte förmlich aus im Anschauen ihrer erwar-
tungsvollen Pracht von Sommer zu Sommer und
deren unendlich verschiedenem Farbenton in Dun-
kelrot und Blau und Hellgelb. Einen Strauß davon
pflückte Freud mir noch eigenhändig vor einer unserer fast täglichen Ausfahrten nach Berlin, die ich
mit einem Besuch bei Helene Klingenberg* verbin-
den wollte.

Damals ergab sich noch, trotz der Erschwerung
in Sprechen und Hören, Gespräch zu Zweien von
jener unvergeßlichen Art vor den langen Leidensjahren*. Bei solchem Anlaß sprachen wir manchmal
noch von 1912, meinem psychoanalytischen Stu-
dienjahr, wo ich meinem Hotel ständig die augen-
blickliche Adresse lassen mußte, um, für den Fall
freier Zeit bei Freud, ihn schnellstens erreichen zu
können, von woher es auch sei. Einmal war ihm,
kurz zuvor, der Nietzschsche *Hymnus an das Leben*
zu Händen geraten, den dieser nach meinem in
Zürich verfaßten »Lebensgedicht«* in Musik ge-

---

1 »Lebensrückblick«, Nachtrag zu ›Das Erlebnis Freud‹ (mit Umstellun-
gen).

setzt hatte. Freud entsprach der Geschmack an dergleichen sehr wenig, seiner betonten Nüchternheit
der Ausdrucksweise konnte nicht gefallen, was man
als blutjunges Wesen sich billig genug – unerfah-
ren, unerprobt – an enthusiastischen Übertreibungen leisten mag. In aufgeräumter Stimmung,
heiter und freundlich, las er laut den letzten der
Verse vor:

»Jahrtausende zu leben um zu denken
schließ mich in beide Arme ein!
Hast du kein Glück mehr übrig mir zu schenken
– wohlan – noch hast du deine Pein.«

Er schloß das Blatt, schlug damit auf seine Ses-
sellehne: »Nein! wissen Sie, da täte ich nicht mit.
Mir würde geradezu schon ein gehöriger irrepara-
bler – Stockschnupfen vollauf genügen, mich von
solchen Wünschen zu kurieren!«

In jenem Tegeler Herbst gerieten wir auch darauf:
ob er sich des Gespräches vor so vielen Jahren noch
entsinne? ja, er erinnerte sich dessen gut, sogar
dessen, wovon wir noch weiter geredet hatten. Ich
weiß nicht mehr, warum ich die Frage überhaupt an
ihn getan: in mir selbst wühlten die furchtbaren,
schweren, schmerzvollen Jahre, die er seit langem
durchlitt –. Die Jahre, in denen wir alle um ihn, alle,
alle, uns fragen mußten, was Menschenkräften noch
zuzumuten sei –. Und da geschah, was ich selbst
nicht begriff, was ich mit keiner Gewalt mehr zu-
rückhalten konnte, – was mir über die zitternden
Lippen kam in Auflehnung wider sein Schicksal
und Martyrium:

» – Das, was ich einstmals begeistert vor mich hin nur geschwafelt, – Sie haben es getan!«

Worauf ich, im Schreck über die Offenherzigkeit meiner dran rührenden Worte, laut und unaufhaltsam losheulte.

Freud hat darauf nicht geantwortet. Ich fühlte nur seinen Arm um mich. –

Als ich, aus einem Aufenthalt in Schweden heimwärts reisend, auf dem Weimarer psychoanalytischen Kongress 1911 vor Freud stand, lachte er mich für meine Vehemenz, seine Psychoanalyse kennen lernen zu wollen, sehr aus, denn noch dachte niemand an Lehrinstitute, wie sie später des Nachwuchses halber in Berlin und Wien geplant wurden.

Als ich dann, nach ½jährigem autodidaktischen Vorstudium, bei Freud in Wien anlangte, da lachte er mich, die Ahnungslose, noch herzlicher aus, da sie ihm mitteilte, außer mit ihm, auch mit Alfred Adler, dem inzwischen zum Spinnefeind Gewordenen, arbeiten zu wollen. Gutmütig gab er das zu unter der Bedingung, daß weder von ihm dorthin, noch von dort in seinen Arbeitskreis geredet würde. Diese Bedingung erfüllte sich so sehr, daß Freud erst nach Monaten meine Trennung von Adlers Arbeitskreis in Erfahrung brachte.

Aber wovon ich berichten möchte, bezieht sich nicht auf irgendwelche Theorienbildung, denn auch die fesselndste würde mich nicht ablenken können von dem, was Freuds Funde enthielten. Das hatte – wenn man sich sein »Finden« vorstellt –

weder ein blendendster Theoretisierer dieser Funde bewerkstelligen können, noch auch würde es geschmälert worden sein durch eine verunglückte oder unvollendete Theorie Freuds selber daran. Theorien – und damals gab es noch im Werden begriffene – galten ihm als das unumgängliche Verständigungsmittel unter den Mitarbeitenden, und wo sie galten, da zeigten sie selbstverständlich den Charakter seiner wissenschaftlich und personell auf exakteste Nüchternheit eingeschworenen Denkungsart.

Wollte ich aber zu schildern unternehmen, was seinem Denken zu seinen Funden verhalf, so dürfte er mich gern zum dritten Mal auslachen, denn das wäre um nichts leichter, als das Spezifische dessen zu fixieren, was einer malenden Hand oder plastisch formenden Fingern leiblich innewohnen mag. Es geschah ja auch *an was* – nämlich an einem Momentausdruck eines lebenden Einzelmenschen: an einem Blick darauf, dem nichts zu vereinzelt oder momentlebendig sein konnte, um sich nicht zu öffnen, zu erschließen als Totalausdruck der Menschlichkeit. Anstatt eines Herumdenkens daran – und sei es das tiefsinnigste oder geistreichste – war hier die Bereitschaft der Drangabe an das Exakteste, auf das wir Menschen selber als einzeln und endlich Bedingte gestellt sind und das deshalb nur auf diesem Auswege für uns beredt und wirklich wird.

An einem der ersten Arbeitsgemeinschaftsabende (wo nur erst im Jahr zuvor *eine* weibliche Mitteilnehmende gewesen war) erwähnte Freud einleitend, wie völlig rücksichts- und rückhaltlos gesprochen werden sollte hinsichtlich stofflicher oder sonstwie anrüchiger Themen, die gerade zur Frage ständen. Scherzend – mit einer jener kleinen Herzensfeinheiten, die ihm zu Gebote stehen konnten – fügte er hinzu: »wie immer werden wir übeln, harten Wochentag haben müssen – jetzt mit dem Unterschied eines Sonntags zwischen uns.«

Dies Wort »Sonntag« wurde mir aber noch oftmals maßgebend in Hinsicht auf ihn selbst und auf seinen Blick, den ich zu schildern unternehmen wollte: nämlich in Bezug auf die Fülle und die Stofflichkeit, die er gab, und mochte sie noch so abstoßend oder abschreckend im einzelnen aussehen, blieb für mich immer irgendwie das Sonntägliche hinter dem Wochentagsgetriebe. Freud äußerte wohl in Minuten eigenen Abscheus die Verwunderung, daß ich an seiner Psychoanalyse noch immer tieferhin hinge: »da ich doch nichts zu tun lehre, als andrer Leute schmutzige Wäsche zu waschen«.

Gebügelte und mechanisch geglättete Wäsche auf den Schrankfächern kannte man freilich schon vor ihm. Aber was man erfahren konnte noch an der gebrauchtesten, sei es fremdester oder eigenster, das war nicht mehr nur ein Wäschestück, sondern enthoben bloßem Stückwerk und Stückwert überhaupt, weil erlebnishaft verwandelt.

So an der Entblößung des Abstoßendsten, Abschreckendsten noch ruhte der Blick nicht auf dieser als solcher –. Freud drückte das einmal so aus, als dergleichen in Frage stand und er mich zwar nicht mehr auslachte, aber mit ungläubigem Erstaunen feststellte: »selbst nach Greulichstem, wovon wir zusammen reden, schauen Sie sich's an wie vor einem Weihnachten«.

I

Inzwischen Anna's Freudbuch*: ein Meisterstück,
wie sie des Vaters Funde mustergültig darstellend
bewältigt, und zwar unter selbständigster Anwen-
dung auf ihr eigenstes Spezialgebiet, die Kinderana-
lyse. Das fühl ich als auch meine große Freude,
obgleich mein Blickpunkt darauf ein so stark anderer ist, sobald ich mich als das jeweils betreffende
Kind nehmen würde –. Aber um es gleich hinzuzu-
sagen: es mag auch ein bloßer Fimmel von mir
dahinter sein – und auch, warum mich's treibt, dies
so hinzuschreiben.

Bevor das Kind pädagogisch und alleinrichtig in
die Welt der Erwachsenen, in die Welt unterschei-
denden Bewußtseins, geleitet ist, lebt es noch aus
seiner Einheit mit allem, dem es entstieg, und dessen Einheit mit ihm selbst. Läßt sich das natürlich
keineswegs *Erinnerung* nennen, so haftete mir daran
doch später die Vorstellung, als habe es mich zu
tragen fortgesetzt neben dem eifervollen Bemühen,
die entgegengesetzte Lebensmethode der erwachse-
nern Menschen zu erlernen. Erfuhr ich doch auch
nicht an mir, sondern an sonstigen Kindern, daß
oftmals nicht, wie man meint, ihr Wunsch darin
gipfelt, »groß wie die Großen« zu sein oder zu
werden, vielmehr deren Entkindlichung zu fürchten wie eine Einbuße; wie überlegen sie auch waren,
konnten sie andrerseits eine Menge nicht mehr, was
wir immer gekonnt: wie wenn das mit den Jahren

verdummte, einer Vergeßlichkeit verfiel: unvermeidlich wohl und von rechtswegen. (Mein Kindergebet, als ich unerhört Erwünschtes mal vom Lieben Gott erbat: dafür dürfe er mich auch mit zwanzig Jahren sterben lassen; – so sehr bildete das die etwa höchste Bezifferung lohnenden Erlebens.) Auch jetzt könnte ich es nicht in richtigere Äußerung fassen als in die Furcht vor dem Verlust an Selbstverwandlung, die alles in sich und sich in allem enthalten weiß.

Dergleichen kindische, kindhafte Überhebungen lassen unwillkürlich dran denken, wie sehr wir menschlich eine Zusammenströmung sind aus dem, was aus den frühen und unkomplizierteren Vorhandenheiten wirklich wandlungsfähiger sich erweist als in seinen spätern Zusammensetzungen oder gar bis zu uns hin. Das Kind lernt eifrig und willig sich als »Krone der Schöpfung« betrachten, aber insgeheim hält es auch in sich fest, was es vor all dieser Krönung besaß oder zu besitzen wähnte: es läßt imgrunde nichts davon fahren, obschon seine fortschreitende Entwicklung es in der Tat immer unkenntlicher und unmöglicher werden läßt.

Der Widerspruch zwischen beidem liefert vielleicht in der Kindheit und im Übergang aus ihr einen ganzen Stoß unwissentlicher innerer Erregungen und Bewegungen, an deren Beteiligtsein wir oft herumraten.

Aber beschwören will ich es nicht: möglicherweise spricht dabei mein hartnäckigster Spezialfimmel mit. Denn so wahr ich lebe, ist es mir nie anders vorgekommen, als wie wenn diese zwei widerspre-

chendsten Richtungen des Lebens zusammenhin-
gen wie ein-und-dasselbige. Oder so ausgedrückt:
als enthalte — oder verrate — oder offenbare die
immer zunehmende Entfernung der einen von der
andern nicht letztlich ein Zurücksinken jener, sondern eine unbeweisliche Heimkehr.

2

Eine erste Verwandlung, die im Bewußtwerden eines Geschöpfes statthat, ist eine so ungeheure, wie
menschliches Hirn sich nur je eine zu ersinnen vermöchte: das Ungeheure der *Unterscheidung* — aus dem
bewußtlosen *Einssein* zu *Mehrerlei* und schnell zu
Vielerlei eines Gegenüber, das als Widerstand, Wi-
derstehendes sich abhebt. Ein wohl nie mehr zu
überbietendes Staunen, auch nicht mehr durch die
abenteuerlichsten Märchen oder Phantasiekombi-
nationen später, denn in diesem Frühesten ist es
selber noch, gleich einer Zutat, dem Einssein hinzu-
geschlagen als das einfach Vorhandene beider Welten. Das wirkt noch nach im unbestochenen Ernst,
womit Kinder auf genauer Wiedergabe auch des
Märchenhaftesten streng bestehen und sonst empört ausrufen: »Du lügst ja!« — weil das als *wahr*
Erzählte sich schlechthin noch deckt mit Wirklichkeit. Bald genug lernen sie dann, daß Wahrheitsbe-
hauptung von der Außenwelt zu bestätigen ist, daß
somit sie es ist, die unsere Verständigung mit ihr
und mit uns untereinander erst zu liefern hat, und
endlich denken auch Kinder schon fast blasiert vom
Nichtwahren als dem Nichtwirklichen. Indessen:
der frühe Einbruch in ihr urhaftes Wirklichkeits-

vertrauen bleibt – trotz allem Zurücktreten vor der eigenen Bewunderung der Unterscheidungskraft – nicht ohne dauernde Nachwirkung, wenn auch die Wichtigkeit der entgegengesetzten Entwicklung unaufhaltsam zunimmt, indem sie sich an sämtlichen Zwecken und Inhalten unseres Daseins zu bewähren hat. Wer dem denkenden Unterscheiden bis in alle Unterschiedlichkeit auch weiter unentwegt nachgeht als der eigentlichen Linie seines Menschentums, an wie vielen Zwecken und Inhalten sie sich auch unterwegs unablässig aufhalten muß wie an Zielen und Bestätigungen, – der allein freilich erlebt das alte Kinderwunder der erstmaligen Unterscheidung, dem *wahr* und *wirklich* noch in eins fallen. Denn nur er bewahrt das in sich als die *Voraussetzung* seines Denkenkönnens überhaupt, und etwas davon steckt in jedem – nicht nur Kinde sondern Menschenkinde – zutiefst, obzwar im Widerspruch zum Praktischen es schädigen und zum Außenseiter werden lassen kann. Etwas davon macht das Wunder möglich, daß Gedachtes, Begriffliches nicht nur an unsern Eindrücken was Abgezogeneres, Entfärbteres wird, womit wir uns nun mal um der praktischen Verwendung willen abfinden müssen, sondern seine Urbezogenheit behält zum vollblütigsten Erlebnismoment des von uns empfangenen Eindrucks selbst. Wenn wir es auch in Bewußtseinsform nicht zu äußern vermögen, in wie rastlosem Bemühen und Wechsel der Menschengeist es auch versuchte, – wenn die ruhmreichsten Werke der größten aller Denker und Philosophen nicht gelangen ohne eine kleine Konzession und

Sünde an diesem Unmöglichen! Es enthält dennoch das Urgewußte in uns allen, von dem geradezu das biblische Wort gelten könnte: »*Wenn ihr nicht werdet wie die Kinder*«[1] – so entgeht euch das einzige uns mögliche Himmelreich, das um unser Erdenreich kreist.

3

Bevor wir als jüngst Geborene unsern ersten Unterscheidungen der Eindrücke Recht geben, folgen wir unserm unwillkürlichen Kontaktdrang, als säßen wir noch unabgeteilt im Objekt mit drin oder enthalte dieses seinerseits den Inbegriff von allem in sich – in beispielloser Überhäufung und Überschätzung. Von daher die typische Ausschließlichkeit und Leidenschaftlichkeit den allernächsten Personen (oder Dingen) gegenüber, von denen wir nur langsam, und unter Schmerzen, uns kritisch später ablösen lernen. Denn nicht nur erlernen wir ja einen Abstand zwischen ihnen und uns, sondern auch unsere eigene Unterschiedlichkeit vom Übrigen, und damit mischt sich der Inbrunst unseres Kontaktverlangens ebenso leidenschaftlich die ungebrochene Triebkraft unseres Selbstverlangens; lebenslang umstreiten sich Hingegebenheit und Aggression, Liebe und Haß, Wärme mit Neid und Eifersucht, Geltungslust und Furchtsamkeit; in den ausschlaggebendsten unserer Gemütsbezogenheiten überwiegt dann freilich die kindliche Vereinheitlichung der Gefühle zum Hingebungsdrang; doch da

1 Vollständiger: »Wenn ihr nicht umkehrt und werdet wie die Kinder . . .« Matth. 18, 3.

er sich so bewußt auf ein abgeteiltes Einzelobjekt zu beziehen hat, kann er dafür auch nicht umhin, es in alle entsprechenden Tragiken, Räusche und Täuschungen dieser Sachlage hineinzureißen. Im letzten Hintergrunde davon verbleibt dennoch – als die wahrlich einzige Solidität daran – jene urhafte Dasselbigkeit von sich und dem geliebten Gegenüber: als seien wir davon erst erzeugt oder erzeugten es gleichzeitig damit aus uns, – wie dem Kinde der bekannte Lappen oder Stein oder beliebiges Holzstück, mögen sie Andern noch so wertlos oder verwerflich scheinen, das Herrlichste darstellen können und uns darein verwandeln, ohne daß dies Zweierlei von Selbstsucht und Allessucht sich je aneinander stößt.

In der Körperreife der Erwachsenen, in der des weiblichen Tieres wie des Menschen, hat die Leiblichkeit diese Grundlage aufbewahrt in der physiologischen Tatsache des gebärenden Muttertums, so daß gern von diesem Unterstrom die seelische Weiterbildung zu aller Wärme abgeleitet wurde. Das Ungeheure daran ist deshalb gerade jene absolute *Wahllosigkeit* (die bekanntlich Weininger* so entsetzte), die fraglose Einheit von »Subjekt und Objekt«, sei es wie es sei, als Wiederaufleben dessen, worin sich Selbst und Welt noch nicht schieden.

Am Kinde wird von seinem urhaften Einheitserleben so vieles ständig merkbar, dieweil ihm im Gegebenen seiner Umgebung doch kein Raum dafür mitgegeben ist. Im ständigen Tätigsein, worin es die neuen Fähigkeiten des Denkens und Fühlens wirksam zu machen strebt, sucht es jene ursprüngliche Wirklichkeit, von der es noch ganz gläubig durchdrungen ist, zu *agieren*. Das ist der fast feierliche Ernst des *Kinderspiels*: dasjenige dran, dessen leidenschaftliche Gesinnung auch sogar reale Unterbrechungen übersteht, – wenn z. B. das Kind mitten drin zum Mittagessen oder Sonstigen abgerufen wird; ebenso beharrt es darin neben dem Nachahmungsspiel – einen so großen Teil natürlich auch dieses dreingibt, weil das Kind ja der Umgebung eifervoll ähnlich zu werden streben muß. Allmählich überholt und verringert diese Entwicklung das *Spiel*, bis es uns Erwachsenen unvermerkt in eine genau entgegengesetzte Bedeutung umstürzt: in das nur Vorgespielte, Vorgespiegelte eines bloßen »Als ob«, als Kontrast zur wahrheitsgetreuen Einstellung statt dieser schon ironisierenden.

Beide Bedeutungen kommen höchst spannend noch mal zusammen in der Psychologie dessen, was in Künstlern und Dichtern innerlich davon umgeht: die Kunst schaffen, indem sie von deren »Wirklichkeit« ganz durchdrungen sind, – aber es doch als bewußte Produktive tun müssen: so daß in der Stunde ihrer Unfähigkeit dazu sie sich gleichsam selber ironisieren: d. h. zum Zweifel gelangen können an der zu schaffenden »Wirklichkeit« oder zum Verzweifeln an sich als dem, von dessen Schöpfung sie erst »*wahr*« ist. (Hierbei gedenkt man jener Problematik, an der an solchem Zwist Rainer zerbrach: indem Glauben und Schaffen nie mehr wie beim Kinde sich als Dasselbige decken, sondern beseligen *und* verdammen.)

Was uns Tätigkeit, Aktion, heißt, bekommt seine Bedeutung erst dadurch, daß unser *Spiel* nicht auslangt: daß uns ja keineswegs alles von selbst zufällt und wir durch eine kleine Äußerung oder Handlung diesen selbstverständlichen Tatbestand nur unwillkürlich markieren. *Spiel* ist noch *Behauptung*, – ist doch im letzten Grunde auch alle Kunst später eben dies: sie behauptet kühn und sicher ihre *Wirklichkeit*, und nur eben deshalb *hat* sie sie, d. h. »behauptet« sie sie auch im andern Wortsinn des Besitzes. Beides mischt sich in jedes Menschenkindes Dasein lebenslang, ob jedesmal das Vorwiegende der Phantasiebetätigung oder aber der auf Zwecke bewußt gerichteten Aktion zuzurechnen sei. Keineswegs steht dabei so ohne weiteres fest, wer von beiden der Aktionsfähigere, wer der Passivere sei; denn beides bedarf einander und findet im normalen Durchschnittsfall erst am andern die eigene Ausdruckskraft. Traumstarke und Handlungsstarke begegnen sich im Wurzelgrund ihres bewußtgewordenen Menschentums. Um deswillen findet man bei den ganz großen *Tatmenschen* einen so durchgehenden Glauben an ihren Stern oder einen Aberglauben, als *würden sie weit mehr getan*, als daß sie *tun*; so absolut sie sich der Realität auch aufzuzwingen wissen, die Außenwelt souverän befehligen, untersteht diese ihre Formungskraft doch selber wie in unsagbarem Dienst, der ihre Berechtigung und Bereitschaft ihnen erst ermöglichte.

Dasjenige, was auch den Durchschnitt Handelnder solchen Ausnahmen von ferne anähnelt, ist der

Umstand, daß auch sie ihre Maßnahmen nicht nur den umgebenden Realzwecken allein entnehmen, vielmehr bereits ebenfalls Übereinstimmungen mit ihren innern Überzeugungen. Was da vermittelnd stets wieder unsere innere Vision und unsere Realeinstellung zusammenzutun strebt, ist unser menschliches Prinzip der *Wertgebungen*. Wo die Kreatur noch spontan ihr Triebbegehren in ein Tun umsetzt, da breitet sich Menschen der ganze Bereich endloser Abschätzungen und Rangierungen aus, an dem ihre Handlungen den innern Rückhalt finden: vom Nutz und Vorteil aus, den wir kreatürlich in unserer Vernünftigkeit erst recht ausbauen und verstärken, bis hinauf in die erhöhtesten Wertgebungen, in die mit Gedanken- und Phantasiedurcharbeitung geschaffenen, *ethisch* und *metaphysisch* verankerten Verbindlichkeiten für unser Tun. Freilich bleiben alle diese Werte an die Einzelsituationen der Endlichkeit gebunden, können also nicht umhin, sich ständig auch zu durchkreuzen, wie stark es auch unserm Gefühl widerspricht, etwas *Wert*-genanntes nicht irgendwo im Wort als endgültig zu verstehen; wir geben unwillkürlich einem Angelus Silesius (auch wenn nicht *religiös* gesinnt) recht in der Bemerkung: »*es gibt nur Einen Wert – Gott*«. Denn sonst können wir schwerlich über die Einbuße hinaus, daß wir nicht Kind bleiben durften oder Brüder den Vögeln oder noch lieber den Pflanzen oder gar dem menschenfern verbliebenen einfachsten und machtvollsten Naturgeschehen, wo es am unerschöpflichsten lebt.

Und doch – und doch! Lediglich in unserer unverkürzten Drangabe an das widerspruchsvoll zerteilte Kreuz und Quer und Durcheinander erfährt sich am Menschentum *sein* Lohnendes erst. Ist es doch damit wie mit unserm Denken selber, daß es erst an seinem mühsamen Zweckdenken und seiner primitiven Inhaltslogik sich zur Sachlichkeit vollendet, die unsere eigene Person, an der es sich so zuspitzen lernte, hinter sich läßt. Das heißt also, nun erst sich allem zukehrt, es umgreifend und umgriffen davon: in erneuter Annäherung an das Ganze. Nur so wird das sonst nirgends Vorhandene, das Neue am Menschentümlichen offenbar. Daran, wie diese Selbstaufgipfelung zu ihrer natürlichen »Aufgabe«, Aufgebung, Aufhebung sich umkehrt, – davon ihren nur ihr eigenen Selbstwert hat in all dem Kreuz und Quer der Werte. Dieser Prozeß *ist* nichts als die Entspitzung des Personellen, Personenhaften zur Weite des Alles, *ist* nichts als an der Enge des Einzelnen erworbene Überlegenheit der Ausgleichung.

Es ist dies Menschen-Neue ungefähr das Tollste, worauf nimmer ein vernunftloses Geschöpf sich zu verrennen vermöchte. Denn man verstehe: es vollzieht damit das Tödlichste, was sich je vollziehen kann: jedwedem Nichtmenschlichen eignet im Vergleich dazu ein überreicher Besitz an unverbrauchten Möglichkeiten, die auch Leben und Tod noch ungeahnt verschwistern. Aber freilich drückt unser Verbrauch, unser kurzfristiger Lebenssturz auch erst dessen gesteigerteste Lebendigkeit als *unsere* Möglichkeit aus.

Dieses Menschentolle ist allerdings nicht *Tat* des

Menschen (weit – weit deshalb schon außerhalb aller Verdienst- oder Schuldfrage), ist nur ein *Begebnis* der kurzen Zeitlänge des Daseins an uns. Unser letztes Eingesenktsein in jene Passivität, darin alles Nichtmenschliche ruhen blieb. Darin unser natürlicher Ablauf, Auslauf aller Aktion und Bewegtheit. Gleichsam eine Umarmung ohne Arme, – wenn auch zwar eine, für deren Vollzug man lebenslang unentwegt arg genug aktiv zu schuften hat –

Im Juni 36.

Anmerkungen

(S. 11) Pfeiffer: Ernst Pfeiffer, geb. 1893. – Am 3. Mai 1934 schreibt Lou A.-S. an Sigm. Freud: »Übrigens hab ich noch eine prachtvolle Errungenschaft gehabt, die ich Ihnen ebenfalls am liebsten vorstellen würde: einen Freund, mit dem zusammen ich manchmal arbeite und dem ich auch sonst lebendige Anregung verdanke. Er ist Kleistforscher, doch ›sonder Amt und Würden‹, bäuerlicher Familienherkunft und auch ein körperliches Kriegsopfer (ein Anfangs-Vierziger).« Zuvor hatte Lou A.-S. von dem unerwarteten Besuch des jüngsten Sohnes ihres ältesten Bruders (Alexander) berichtet: Konrad von Salomé, Rittmeister im alten russischen Heer; in Amerika (USA) 1975 verstorben (als Konrad de S.).

(S. 13) Klages: Ludwig Klages, 1872–1956, Philosoph. Von seinen vielfältig erschließenden Publikationen steht hier nur sein Hauptwerk »Der Geist als Widersacher der Seele« (das Lou A.-S. zusammen mit Josef König las) im Blick, besonders aber »Vom kosmogonischen Eros«. – »Das nach Leib und Seele polarisierte Leben in die Botmäßigkeit des Geistes zu zwingen, ist eine Formel für den anfangs unbewußten Drang, später bewußten Willen alles höheren Denkens.« (Klages über sein Hauptwerk.) – »Vom kosmogonischen Eros«, 1922, hier 3., veränderte Auflage 1930.

(S. 13) Schauung: In dem Kapitel »Vom Wesen der Ekstase« heißt es: »In den Mysterien, den ›Weihebünden‹ stoßen wir . . . auf folgenden immer wiederkehrenden Sachverhalt: die mystische Gewißheit entstammt dem Erlebnis der ›Epoptie‹ d. i. der *Schauung* – die Schauung bezieht sich auf die *Erscheinung des Gottes* . . .« »Stellen wir uns zwei Liebende vor, während ihre Liebe sozusagen in Blüte steht, so wird es dennoch nicht geschehen, daß sie in einer Frist etwa von mehreren Wochen zu jeder beliebigen Stunde oder Minute den gleichen Grad von Entzückung empfänden.« »Denn das Erleben des Liebenden, ob er auch schwerlich es weiß, gilt überhaupt nicht der bleibenden *Person* des Geliebten, sondern dessen mit dem Zeitstrom strömenden *Bilde*.« »Um das Wesen der Ekstase zu

ermitteln, mußten wir das Wesen des Schauens ermitteln und zu diesem Behuf aufs bestimmteste unterscheiden den Ferncharakter des schaubaren Bildes vom Nahcharakter des Wahrnehmungsbildes.« (Man mag hiermit die Aussagen vergleichen, die Lou A.-S. am Schluß des Kapitels ›Liebeserleben‹ im »Lebensrückblick« macht.)

(S. 16) . . . *durch den leidenschaftlichen Gottesglauben:* Gemeint ist das Verharren des Kindes in der Mitteilungslust gegenüber einem Gott, der nur aufzunehmen brauchte und zugleich schon alles wußte. – Lou A.-S. rückt ihr Eros-erleben hier in das Licht der Anschauungen von Ludwig Klages. Dadurch verdunkelt sich ihr wohl der Ursprung dieses Erlebens im »Erlebnis Gott«.

(S. 16) . . . *die volle Schauung des Personalwechsels fähig:* Klages sagt dies in seinem »Schlußwort über Eros und Leidenschaft«. Die Durchdringung der Menschlichkeit des Geliebten »schließt es nicht aus, daß der urbildspiegelnde Zauberschein wandernd Person nach Person berühre. Selbst kürzeste Dauer des erotischen Bundes stritte nicht mit erfüllter Innerlichkeit . . .«

(S. 18) . . . *ein Existenz-entfallen des Geliebten:* Siehe hierzu die Tagebucheintragung über *Poul Bjerre* in den Erläuterungen zur Taschenbuchausgabe von »In der Schule bei Freud« vom 11. Mai 1913. Diese Erläuterung gibt allerdings auch Aufschlüsse, welche das Bekenntnis von Lou A.-S. überraschend ergänzen.

(S. 19) Harms . . . *»Konstanz«:* Jürgen Wilhelm Harms, 1885-1946, Zoologe. Er wurde 1922 (in dem Jahr, bevor Lou A.-S. vom Internisten der Universität Königsberg »aufs Dringendste gebeten wurde, ihn und seine Assistenten in die ›psychophysische Betrachtungsweise‹ einzuführen«) auf den Lehrstuhl für Zoologie in Königsberg berufen. Der Ausdruck »Konstanz« bezieht sich auf den Fragenkomplex der Artumbildung in der Evolution.

(S. 28) . . . *als Du das Blatt in mein Zimmer legtest:* Es wurde bezweifelt, daß das Gedicht – nach der mündlichen Angabe von Lou A.-S. – in Wolfratshausen entstanden sei, aber die Situationsangabe trifft nur auf Wolfratshausen zu. Das »Blatt« ist nicht erhalten. Der Widerspruch klärt sich auf, wenn man die – weniger formal ausgeglichene – Nieder-

schrift von Lou A.-S. (aus dem Gedächtnis) beachtet. – Rilke hat das Gedicht verhüllend und stilisierend in das »Buch von der Pilgerschaft« eingeordnet, als sei es an Gott gerichtet. Das darauf folgende Gedicht beginnt »Und meine Seele ist ein Weib vor dir . . .«.

(S. 31) . . . Wiese am Dorf Kresta Bogoródiza: ein Dorf bei Jaro-sláwl an der oberen Wolga, wo Lou A.-S. und Rilke einige Tage in einer Isbá (Bauernhütte) wohnten.

(S. 31) . . . mit dem zu seiner Nachtherde entlassenen Gaul: Vgl. Brief Rilkes an Lou A.-S. vom 11. Febr. 1922 und Erl. dazu. – Sonett XX des Ersten Teiles der »Sonette an Orpheus«.

(S. 35) . . . das uns mit den Gebeten des »Stundenbuchs« begleitete: mit den Gebeten des »Mönchs«, die im September und Oktober 1899, also nach der ersten russischen Reise, in Berlin-Schmargendorf entstanden waren; die ursprüngliche Fassung des »Buches vom mönchischen Leben«.

(S. 37) . . . für obwaltende Lebensverhältnisse: Im Verlauf der Begegnung mit Georg Ledebour, nach etwa fünf Jahren der »Ehe« mit F. C. Andreas, hatte sich dieser Bund als unauflösbar erwiesen. (Lebensrückblick, Kap. »Unter Menschen«.)

(S. 40) »fête d'un fruit perdu«: s. Erl. hierzu im »Lebensrückblick« (Nachtrag zu ›Mit Rainer‹).

(S. 41) . . . des Stundenbuchs kleinster Vers: s. hierzu gleichfalls Erl. im »Lebensrückblick«.

(S. 44) Kleist . . . Biographie: Wilhelm Herzog »Heinrich von Kleist«, 1911.

(S. 52) . . . zu der unendlich viel ältern Marie v. Kleist: Marie v. K., geb. v. Gualtieri, war etwa 16 Jahre älter als Heinrich v. Kleist. Sie war eine enge Vertraute der Königin Luise und ihm ohne sein Wissen dadurch mittelbar hilfreich. Nach seinem Tode schreibt sie: »An Heinrich Kleist habe ich den Teilnehmer an allen meinen Freuden, an allen meinen Leiden verloren.«

(S. 53) Trettin: Dorf am Ostrand der Oderebene, weitab von der am Westrand (wo die Oder fließt) gelagerten Stadt Frankfurt; Heimat von Ernst Pfeiffer.

(S. 54) . . . vergegenwärtigt sich mir Kleist als »Relief«: Sehr betroffen bemerkte Pfeiffer bei dem etwas späteren Lesen der Niederschrift, daß Lou A.-S. sein Schlüsselwort *Relief* zum Er-

kennen der Gestalten Kleists, deren Natur, wie ein eigenes verwandt hatte. Er berührte dies Geheimnis nicht.

(S. 55) . . . *das »Ilion« Drama:* von Hermann Stresau, 1892-1964, einem Freund Pfeiffers. Kriegserleben, in Antikes versetzt. Lou A.-S. hat sich vergeblich bei Friedrich Kayßler um eine Aufführung des Dramas bemüht. – Werke von Hermann Stresau: »Die Erben des Schwertes«, Nibelungenroman, 1940. »Adler über Gallien« (Cäsarroman), 1942. »Von Jahr zu Jahr« (Tagebuch in der nationalsozialistischen Zeit, 1933-1945), 1948. »Thomas Mann und sein Werk«, 1963. »Das Paradies ist verriegelt« (Gegenwartsroman), 1954. – Dazu Übersetzungen von Joseph Conrad und William Faulkner u. a.

(S. 62) . . . *meine Mädchenjugend:* Gemeint sind die Jahre der Freundschaft mit Paul Rée seit der Begegnung mit ihm in Rom im April 1882, im besondern aber die Zeit des Zusammenlebens mit ihm in Berlin, im Kreis gemeinsamer Freunde, vom Dezember 1882 an bis zum Einsetzen der werbenden Briefe von F. C. Andreas im August 1886, die eine Änderung der innern Situation von Lou v. S. zur Folge hatten.

(S. 78) Josef: Josef König, 1893-1974; Philosoph. »Würde wohl Ihr Freund König einmal mit Ihnen zu mir kommen?« Beide standen in ihren Augen nebeneinander. Hatten verschiedene Gesprächsfelder. – Werke: »Der Begriff der Intuition« (Dissertation) 1927. »Sein und Denken« (Habilitationsschrift) 1937. »Vorträge und Aufsätze«, hrsg. von Günter Patzig, 1978. – Die Eintragung vom Dezember 1935 (S. 86 ff.) ist Geschenk der Freundschaft von Lou Andreas-Salomé mit Josef König.

(S. 99) Jubelbaum: Wortübernahme aus Rilkes Gedicht »Klage«: »Jetzt aber bricht mir mein Jubelbaum . . .« Späte Gedichte, 1934; am 17. Oktober von Carl Sieber Lou A.-S. übersandt: »Wir grüßen Sie alle beide herzlichst und in der Verbundenheit am Werke Rilkes.« (Mit Bezug auf das Gedächtnisbuch »Rainer Maria Rilke« von Lou A.-S., 1928.)

(S. 116) Helene Klingenberg: die nächste Freundin von Lou A.-S., 1863-1946. Lou A.-S. besuchte sie viele Male in Berlin.

(S. 116) Freud . . . vor den langen Leidensjahren: Sie begannen 1923 mit der Feststellung eines Kieferkrebses, endeten mit Freuds Tode 1939.

(S. 116) »Lebensgedicht«: das in Zürich verfaßte »Lebensgebet«,
»Gebet an das Leben«:

> »Gewiß, so liebt ein Freund den Freund,
>
> Wie ich Dich liebe, Rätselleben –
>
> Ob ich in Dir gejauchzt, geweint,
>
> Ob Du mir Glück, ob Schmerz gegeben.«

Erl. dazu in »Friedrich Nietzsche, Paul Rée, Lou v. Salomé,
Die Dokumente ihrer Begegnung.« (Bei Nietzsche »lief es«, in
Anpassung an seine Komposition, »auf etwas verlängerten
Versfüßen«.)

(S. 122) Anna's Freudbuch: »Das Ich und die Abwehrmechanis-
men« von Anna Freud, Wien 1936; das Exemplar trägt die
Einschrift: »Endlich! Anna. Wien, Mai 1936.«

(S. 127) Weininger: Otto Weininger, 1880-1903, Philosoph. »Geschlecht und Charakter«, 1903. Hier Bezugnahme auf seine
Fehlwertung des »Weibes«.

Um Ostern 1930 erkrankte Friedrich Carl Andreas, 84 Jahre alt. Am 3. Oktober des Jahres trägt seine Frau auf einem Notierblock ein: »nachts wach, als sei ich dort [in der Klinik]«, am 4., dem Sterbetag: »alles schon wissend«. Danach: »Der stillste Sonntag.«

Am 13. November schreibt sie, wiederum mit weichem Bleistift, auf dem Notierblock: »Daß das Ersehnte geschah: die Krankheit nicht zu den letzten Auswirkungen kommen konnte, die unsere 3 Monate durchgeführte Täuschung zerstört hätten – und daß er ahnungslos einschlief –. Ein Gefühl reinsten Glücks, wie ein Wunder, wie eine Gnade, als bräche – wie es im Spätherbst geschehen kann – Licht, Licht, Licht durch den Vorhang im Sturme wehender Blätter.« –

Am 15. Juli 1931 notiert sie: »Gearbeitet an dem Grundriß.« Mit dem befremdlich wissenschaftlichen Namen »Grundriß« möchte sie den Gegensatz ausdrücken zu der gewohnten Form der Lebensdarstellung und auch (wie sie es einmal nennt) zum »Geschwätz über Menschen«; sie will damit eine auf das Wesentliche gerichtete Form der Autobiographie schaffen, die aber nur die ihre sein kann. Wie wenig sie bei ihrer Darstellung an persönliche Rücksicht gedacht hat, an ein Verhüllen des Eigensten, zeigt der Anhang von 1933 »Was am Grundriß fehlt«: sie spricht über die Natur ihrer Beziehung zu Rainer Maria Rilke wie zu sich selber; sie entfaltet vor dem Leser das ihr unverstehbar gewordene und doch von ihr angenommene Schicksal ihrer »Ehe« mit F. C. Andreas, das, ob sie wollte oder nicht, die Einheit und den Umriß der zweiten Hälfte ihres Lebens bestimmt hat.

Aber die Jahreszahl 1933 steht auch schon unten auf der Titelseite von »Jutta«, und vom Jahr 1934 sagt Lou A.-S. in der ersten ihrer »Eintragungen« selber: »Selten hab ich so oft geschrieben wie in diesem Jahr« und schon »im vorigen Frühling gleich nacheinander zwei Sachen« (wohl 1934 »Die Tarnkappe«).

Nimmt man zusammen, was veröffentlicht ist und was noch an ungedruckten Niederschriften von Lou A.-S. vorliegt, so kann kein Zweifel daran bestehen, daß sie selber ihre Aufgabe als Schriftstellerin für damit abgeschlossen hielt.

Im »Lebensrückblick« hatte sie geschrieben: »Die Jahre gingen hin, die Reihen der Zeitgenossen lichteten sich durchs Alter, wie der Krieg die Reihen der jungen gelichtet hatte, – der fremde Mensch [der Analysand] blieb.«

Von Mitte November 1930 bis zum Ende des Jahres 1934 nur Bleistiftnotizen auf ihrem Block: reizvoll Alltägliches, immer wieder Eindrücke vom Naturgeschehen, Namen von persönlichen Besuchern und von Analysanden.

Am 1. Mai 1931: »Freud's Erkrankung! Anna's Brief.« Am 1. September 1932 »Frohe Erwartung auf Anna«, für zwei Tage.

Doch von besonderer Bedeutung sind zwei andere Besuche: der des Psychoanalytikers Heinrich

Meng (1887–1972) am 2. und 3. Januar 1933 und der des medizinischen Anthropologen Viktor von Weizsäcker (1886–1957) am 24. Juni 1932.

Heinrich Meng hat am 15. März 1952, also 20 Jahre nach seinem Besuch bei Lou A.-S., in der Diskussion nach einem Vortrag von Erich Simenauer in Basel über »Psychologisches zur Krankheitsgeschichte Rilkes« mitgeteilt, »daß Rilke tatsächlich in seinen letzten Jahren noch einen Versuch mit der Psychoanalyse gemacht hat; auch dieser ist freilich nicht zu Ende geführt worden.«

Kann der zweitägige Besuch von Heinrich Meng bei Lou Andreas-Salomé (sie kannte ihn bis dahin persönlich nicht) einen andern Grund gehabt haben als den, sich mit ihr über Rilkes Krankheitsgeschichte auszusprechen und über die Angaben, die Meng von dem von Rilke aufgesuchten Analytiker erhalten hatte? – Die späte öffentliche Mitteilung Heinrich Mengs über sein Wissen spricht nicht dagegen, daß beide, Meng wie Lou A.-S., sich Schweigen auferlegt haben. Briefe sind nicht vorhanden.

Viktor von Weizsäcker hatte um Weihnachten 1931 die Schrift von Lou A.-S. »Mein Dank an Freud« gelesen. In seinem Buch »Natur und Geist« sagt er dazu: »Der Eindruck war ein solcher, daß ich der Unbekannten einen Brief schrieb, der mir dann eine Korrespondenz, einen Besuch bei ihr und eine Ermutigung eintrug, die ... mich wahrhaft gestützt hat. Lou war damals siebzig Jahre alt, übte in Göttingen in aller Stille eine psychoanalytische Praxis aus und lebte das geheimnisvolle Leben einer Sibylle unserer Geisteswelt.«

Die hier folgenden Worte dürfen als das sprach-
liche Altersbild von Lou Andreas-Salomé gelten:
»Die außerordentliche Frau war noch immer blond
und hatte den biegsamen Gang eines gleichsam
wandelnden jungen Baumes.«

»Ihre Briefe und ihr Gedächtnis bewahre ich als
eine der Kostbarkeiten meiner Erinnerung.« Die
Briefe von Lou A.-S. an Viktor v. Weizsäcker sind
durch den Krieg verlorengegangen, seine Briefe
und Sendungen an sie sind erhalten geblieben.

Eine letzte *Selbstaussage* konnte Lou Andreas-
Salomé nur durch eine besondere Lebenskonstella-
tion ermöglicht werden.

Hierfür wurde das Wort Generationsspanne zum
Zauberwort, indem ein sinnvoller Zufall es aus-
sprach.

Nie hätte der um etwa 30 Jahre jüngere Ernst
Pfeiffer die Scheu überwunden, das Haus »Loufried« zu betreten, wenn er nicht einem kranken
Freund den vorbereitenden Gang zur Psychoanalytikerin hätte abnehmen müssen. An drei Tagen im
August 1931 besuchte er sie. Aber nicht das voraussetzungslose Gespräch über die Leidenssymptome
des Freundes brachte für Pfeiffer die Entscheidung:
für ihn bestand sie in dem momentanen Gewahr-
werden eines inneren Freiseins, mitten im zweiten
Satz der von ihm schnell vorbereiteten Darlegung.

Wie Lou A.-S. am Anfang ihrer »Eintragungen«
schreibt, besuchte Pfeiffer sie erst am 1. Juli 1933
wieder. Von da an dauerten seine Besuche, nur von
Reisen in die Heimat unterbrochen, von Verabredung zu Verabredung bis an ihr Lebensende. – Am

2. August 1934 war sein Freund Josef König neben ihn getreten.

Was Pfeiffer in diesen Jahren gelegentlich von sich erzählte – nichts, was sie als Psychoanalytikerin hätte interessieren können (für jeden andern Uninteressantes) – verdichtete sich der stillen Zuhörerin zu einer Schau, die für ihn einer durch den Aufgang der Sonne bis ins Fernste enthüllten Landschaft glich. –

Lou A.-S. trug ihre Aufsätze in Wachstuchhefte ein, die sie Pfeiffer zum Lesen oder – wenn die Aufzeichnung ein Gespräch fortsetzte – zum Nachlesen mitgab. –

Die letzten Seiten der Erläuterungen zum »Lebensrückblick« berichten über den Lebensausgang von Lou Andreas-Salomé. Sie starb am 5. Februar 1937, Josef König am 17. März 1974.

Göttingen, im August 1981   *Ernst Pfeiffer*